体育理論の教材になるスポーツ基本法の裁判例

法教育の一つの形

山口 裕貴 編著

共同文化社

体育理論の教材になる
スポーツ基本法の裁判例
―― 法教育の一つの形 ――

目次

はじめに ………………………………………………………… 1

1. スポーツ基本法に関係する裁判例
  - ① 2条4項に関係する裁判例 ……………………… 3
    - ・損害賠償請求事件
      （大阪地方裁判所 平成28年5月24日判決）…… 3
  - ② 2条8項に関係する裁判例 ……………………… 22
    - ・②-① 損害賠償等請求事件
      （大阪地方裁判所 平成17年8月30日判決）…… 22
    - ・②-② 慰謝料請求事件
      （津地方裁判所四日市支部 令和5年4月19日判決）
      ………………………………………………………… 32
    - ・②-③ 損害賠償請求事件
      （徳島地方裁判所 令和3年6月23日判決）…… 39
    - ・②-④ 損害賠償請求事件
      （大阪地方裁判所 平成29年6月13日判決）…… 49
    - ・②-⑤ 肖像権に基づく使用許諾権不存在確認請求控訴事件
      （知的財産高等裁判所 平成20年2月25日判決）
      ………………………………………………………… 69

- ③ 4条に関係する裁判例 ………………………… 101
  - ・損害賠償等請求控訴事件
    （福岡高等裁判所 平成30年9月27日判決）…… 101
- ④ 5条2項に関係する裁判例 ……………………… 110
  - ・④-① 損害賠償請求事件
    （東京地方裁判所 令和3年4月16日判決）…… 110
  - ・④-② 会員資格無期限停止処分無効確認請求事件
    （東京地方裁判所 平成27年3月31日判決）…… 125
- ⑤ 15条に関係する裁判例 ………………………… 128
  - ・地位確認等請求事件
    （東京地方裁判所 平成22年4月19日判決）…… 128
- ⑥ 26条2項に関係する裁判例 …………………… 136
  - ・損害賠償請求事件
    （東京地方裁判所 平成18年11月7日判決）…… 136
- ⑦ 29条に関係する裁判例 ………………………… 156
  - ・損害賠償等請求事件
    （神戸地方裁判所 平成15年6月16日判決）…… 157

2. 体育理論と法教育の融合〔提言〕………………… 169

おわりに ……………………………………………… 173

― 付 録 ― ………………………………………… 175

はじめに

　1961（昭和36）年に「スポーツ振興法」が制定された。それから50年が経ち、スポーツの目的が多様化し、地域のスポーツクラブやプロスポーツの発展、スポーツの国際化など、スポーツをめぐる状況は大きく変化した。そこで、スポーツの推進のための基本的な法律として、議員立法（国会において議員により発議される立法。日本では立法の発議は議員・内閣ともに認められているが、大統領制のアメリカでは議員のみに認められている。大辞林）により、「スポーツ基本法」が成立し、2011（平成23）年に公布、施行された。この法律は、スポーツの基本理念を定め、行政の責務、スポーツ団体の努力を明らかにし、スポーツ施策を計画的に推進することで、国民の心身の健全な発達、明るく豊かな国民生活の形成に寄与することを目的としたものである。

　中学校学習指導要領解説保健体育編［平成29年告示］の体育分野・知識領域「体育理論」の内容に、スポーツ基本法に関する箇所がある。それは、大単元「運動やスポーツの多様性」のうちの小単元「運動やスポーツの必要性と楽しさ」の解説末尾「我が国のスポーツ基本法などを適宜取り上げ、現代におけるスポーツの理念についても触れるようにする」であり、高等学校学習指導要領解説保健体育編［平成30年告示］では、大単元「豊かなスポーツライフの設計の仕方」のうちの小単元「スポーツ推進のための施策と諸条件」の解説末尾「我が国のスポーツ基本法やスポーツ振興基本計画等のスポーツ推進に関わる法律等やその背景についても触れるようにする」である。いずれも「スポーツ基本法」という文言は、解説文の末尾に取って付けたように、唐突に現れる。これでは、スポーツ基本法の背景・内容に若干触れてほしいとお願いしているだけで、その価値の「深部」にまでしっかり到達してほしいという気概はみえてこない。

　本書には、スポーツ基本法の条文内容に直接または間接に関わるであろうと思われる、いくつかの裁判例（判決文）を掲載した。読みにくいかもしれないが、この裁判例に目を通して、「スポーツ」に絡む紛争の背後に、誰のど

のような思いが横たわっているのかを見つけてほしいし、それぞれの事案が、いかに複雑であるかを味わってみてほしい。そして、体育分野唯一の「知識領域」である体育理論に、これら裁判例を活用し、その教材としての価値を感じ取ってもらえたらと思う。「スポーツ」は単に楽しいものではない。人と人がスポーツでトラブルを起こすこともしばしばだ。そのトラブルは、なぜ起こってしまったのか、何をどうすればトラブルを解決でき、これから何をすればトラブルを回避できるのだろうか。掲載された裁判例をとおして、多くの読者が、スポーツ界の様々な困難、選手や関係者の心情（期待・葛藤）を俯瞰し、あるいはその奥底までとらえようとしてくれたら、大変うれしい。また、多くの保健体育科教員が本書を読み、体育理論の教材の「手がかり」としていただければ幸甚である。

　最後に、本書では、判決文のところどころを平易な言葉に変えている。分かりにくい法律用語を簡便にしたり、本書の性質上、不要と判断した箇所（主に、遅延損害金、原告・被告の主張、各種の専門的説明や賠償額の計算式、多用される「等」「など」の文字や同内容の説明文）を大幅に削除したりして、多くの人に読みやすいと感じてもらえるものに加工した（とはいえ、法律的な雰囲気を残したいという思いもあるため、読みにくさはそれほど消えていないかもしれない）。また、重要な箇所に下線を入れたので、そこだけ「拾い読み」しても問題ない。それぞれの裁判例がどういった争いなのかを知るには、各事件の「事案の概要」を読むとよい。（判決文は不特定多数の人が見られるデータベースであるから、実名はなるべくそのまま掲載した）

　いくつかの裁判例を掲載した後に、体育理論の改善に向けた私なりの提言を付した。読者（学校教育関係者）の心に少しでも届けば、とてもうれしい。

1. スポーツ基本法に関係する裁判例

1　2条4項に関係する裁判例

〔2条4項〕「スポーツは、スポーツを行う者の心身の健康の保持増進及び安全の確保が図られるよう推進されなければならない」

・損害賠償請求事件（大阪地方裁判所　平成28年5月24日判決）
主文
1　被告は、原告に対し、411万6811円を支払え。
2　原告のその余の請求を棄却する。
3　訴訟費用は100分し、その7を被告の負担とし、その余を原告の負担とする。

事実及び理由
第1　請求
　被告は、原告に対し、5639万4916円を支払え。

第2　事案の概要
　本件は、A市立B中学校（以下「被告中学校」）のバドミントン部（以下「本件バドミントン部」）に所属していた原告が、部活動中に熱中症に罹患し、脳梗塞を発症した（以下「本件事故」）のは、指導教諭による熱中症予防対策が不十分であったことによると主張して、被告中学校を設置する被告に対し、国家賠償法1条1項による損害賠償請求権に基づき5639万4916円の支払を求める事案である。

第3　前提事実
1　当事者
(1)　原告は、平成9年生まれの女性であり、平成22年8月30日の本件事故当時、被告中学校の1年生であった。

(2)　被告は、被告中学校を設置する地方公共団体である。

本件事故当時、本件バドミントン部の指導教諭（いわゆる顧問）は、被告中学校教員のC教諭であった。

2　本件事故の概要
(1)　本件バドミントン部は、平成22年8月30日午前11時10分から部活動としての練習を開始し、午前11時25分頃から、被告中学校の体育館（以下「本件体育館」）内での練習を始めた。

(2)　原告は、午後1時過ぎ頃、バドミントンの試合形式の練習をしていたところ、地面に落ちたシャトルを拾い損ねることが2回続いた。様子がおかしいと感じたC教諭は、原告に確認したところ、「頭が痛い。しんどい」と訴えたため、原告を教官室に移動させ、水分を摂らせるなどした後、タクシーでD病院の救急外来を受診した。

(3)　原告は、アテローム血栓性脳梗塞（右中大脳動脈塞栓症）と診断され（以下「本件脳梗塞」）、そのまま入院した。

(4)　原告は、平成22年8月30日〜同年12月3日、D病院に入院してリハビリ治療を行った後、平成23年8月19日までの間、D病院、Eクリニック、Fクリニック等に通院して、主としてリハビリ治療を受け、平成23年8月13日、症状固定の診断を受けた。

3　熱中症について
(1)　熱中症とは、暑熱環境によって生じる障害の総称であり、大きくは、A 熱けいれん（重症度分類〈1〉度）、B 熱疲労又は熱疲弊（同〈2〉度）、C 熱射病又は重度の日射病（同〈3〉度）の3つに分けられる。

(2)　熱中症対策

財団法人日本体育協会（当時〔以下同様〕）は、平成6年、熱中症予防の原則を「熱中症予防8ケ条」としてまとめ、具体的なガイドラインとして「熱中症予防のための運動指針」（以下「本件指針」）を発表した。

(3) WBGT（湿球黒球温度）

WBGT（Wet-Bulb Globe Temperature：湿球黒球温度）とは、暑さに関する環境因子のうち気温、湿度、輻射熱の3因子を取り込んだ指標であり、熱中症予防の温度指標として有効とされるものである。

4 災害共済給付について

(1) 災害共済給付契約

独立行政法人日本スポーツ振興センター（以下「JSC」）は、学校の管理下における児童生徒の災害（負傷、疾病、障害又は死亡）に対して、災害共済給付（医療費、障害見舞金又は死亡見舞金の支給）を行っている。災害共済給付は、学校の設置者が、児童生徒の保護者の同意を得て、当該児童生徒につき、JSCとの間で締結する災害共済給付契約により行う（独立行政法人日本スポーツ振興センター法〔以下「センター法」〕16条1項）。

(2) 免責特約

ア 学校の管理下における児童生徒の災害について、学校の設置者に損害賠償責任が発生した場合、JSCが災害共済給付を行った限度で、その責任を免れさせる旨の特約（免責特約）を、学校の設置者の申込みにより付することができる（センター法16条3項、独立行政法人日本スポーツ振興センター業務方法書16条2項）。

イ 免責特約は、JSCが災害共済給付を行った限度で、学校の設置者の損害賠償責任を免れさせることで、学校教育の円滑な実施、学校の設置者の突発的な財政負担の分散及び軽減を図ることを目的とする（独立行政法人日本スポーツ振興センター免責の特約を付した災害共済給付契約約款規程2条）。

(3) 共済掛金

災害共済給付契約を締結した学校の設置者は、所定の共済掛金の額をJSCに対して支払い（センター法17条3項）、そのうちの一定額を児童生徒の保護者から徴収する（センター法17条4項）。

(4) 給付金の支払請求

ア 給付金の支払請求は、学校の設置者が、所定の支払請求書を送信又は提出して行うことができる（独立行政法人日本スポーツ振興センター業務方法書26条1項。なお、提出を要する書類の中には、保護者が取得すべき障害診断書などが含まれているため、保護者の協力なしに支払請求をすることは

事実上不可能であると解される)。

イ　上記アにかかわらず、児童生徒の保護者は、所定の支払請求書を提出して、自ら給付金の支払請求をすることができる。この場合の請求は、当該契約に係る学校の設置者を経由して行う（同条2項）。

(5)　損害賠償との調整

ア　学校の設置者が損害賠償責任を負う場合において、免責特約付きの災害共済給付契約に基づきJSCが給付を行ったときは、その価額の限度で損害賠償責任を免れる（センター法31条1項）。

イ　JSCが災害共済給付を行った場合において、当該給付事由の発生について損害賠償責任を負う者があるときは、JSCは、その給付額の限度で児童生徒が有する損害賠償請求権を取得する（センター法31条2項）。

ウ　他方、学校の設置者が損害賠償責任を負う場合に、免責特約付きの災害共済給付契約に基づき給付が行われる前に、学校の設置者から児童生徒に対して損害賠償金が支払われたときは、学校の設置者からJSCに対して災害共済給付金の支払請求ができる旨の定めはない。そのため、学校の設置者が免責特約を活用するには、その損害賠償金を支払う前に災害共済給付を受ける必要がある。また、学校の設置者は、当事者と取り交わす示談書、調停調書や判決において、給付された災害共済給付金の金額の控除に必ず触れてもらうよう確認する必要がある。

第4　争点

1　過失

(1)　WBGTが31℃以上であったことを前提に、C教諭が原告にバドミントンをさせたこと自体に過失があるか（争点1）

(2)　WBGTが28℃以上であったことを前提に、C教諭には原告にバドミントンをさせた過失又はバドミントンをさせる上で必要な配慮を怠った過失があるか（争点2）

(3)　被告中学校長には、熱中症を予防するために必要な措置を取らなかった過失があるか（争点3）

2　争点1～3の各過失と本件脳梗塞との間の因果関係（争点4）

3 損害
  (1) 素因減額の可否及び程度（争点5）
  (2) 原告の後遺障害の程度（争点6）
  (3) 原告がJSCに対して障害見舞金の給付申請をしないことが信義則に反するか（争点7）
  (4) 損害額（略）

第5 当事者の主張
  （略）

第6 当裁判所の判断
1 基礎となる事実
  (1) 熱中症に関する知見及び対策
  ア 熱中症とは、暑熱環境によって生じる障害の総称であり、大きく以下の3つに分けられる。
  (ｱ) 熱けいれん
  大量の発汗があり、水分を補給した場合に血液の塩分濃度が低下して起こるもので、筋の興奮性が亢進して、四肢や腹筋のけいれんと筋肉痛が起こる。
  (ｲ) 熱疲労
  脱水によるもので、全身倦怠感、脱力感、めまい、吐き気、嘔吐、頭痛などの症状が起こる。
  (ｳ) 熱射病（重症）
  体温調節が破綻して起こり、高体温と意識障害が特徴的である。意識障害は、周囲の状況が分からなくなる状態から昏睡まで程度は様々である。脱水が背景にあることが多く、血液凝固異常、脳、肝、腎、心、肺などの全身の多臓器障害を合併し、死亡率が高い。
  イ 学校管理下における熱中症死亡事例の発生傾向（昭和50年～平成24年）
  (ｱ) 部活動の場合
  屋外で行うスポーツで多く発生しているが、屋内において防具や厚手の衣服を着用しているスポーツでも多く発生している。

〈内訳〉
　野球（37人）、ラグビー（17人）、柔道（15人）、サッカー（13人）、剣道（11人）、山岳（9人）、陸上（7人）、ハンドボール（6人）、バレーボール・バスケットボール（各4人）、卓球・アメリカンフットボール・レスリング（各3人）、ソフトボール・テニス・相撲（各2人）、その他（4人）
　(イ)　学校行事、部活動以外の場合
　長時間にわたって行うスポーツ活動に多く発生している。
〈内訳〉
　登山（8人）、マラソン（4人）、長距離徒歩（3人）、遠足・サッカー（各2人）、リレー・石段登り・農園実習・保育中（各1人）
　ウ　熱中症対策の概要
　(ア)　熱中症予防運動指針（本件指針）の作成
　財団法人日本体育協会は、上記イのような熱中症による死亡事故が発生していることを踏まえ、その防止を目的として、平成3年に「スポーツ活動における熱中症事故予防に関する研究班」を設置し、その研究成果を踏まえて、平成6年に本件指針を作成・発表した。
　財団法人日本体育協会は、平成6年に本件指針及びこれに解説を付した「スポーツ活動中の熱中症予防ガイドブック」を発行し、平成18年6月までに二度の改訂を行い、平成18年までに約130部を発行し、同ガイドブックをもとにしたビデオも約30万本発行した。
　本件指針においては、熱中症が体内の熱量に比して水分が不足することによって生じる疾患であることに鑑み、運動を行う温度及び湿度、行う運動の内容や種類、それが身体に及ぼす影響の程度、補給する水分量などを踏まえて、その発生を未然に防止するために、スポーツ活動に携わる者がとるべき行動指針を示したものである。
　(イ)　本件指針の概要
　本件指針には、学校現場でWBGTを測定できない場合があることに備えて、WBGTの温度におおよそ相当する湿球温度及び乾球温度も併記されている。
　(ウ)　文部科学省及び日本体育・学校健康センターによる指導
　日本体育・学校健康センター（JSCの前身）は、文部科学省企画・監修の下、熱中症対策検討委員会を組織し、学校の管理下における児童生徒の熱中

症を予防するために活用する資料として、平成15年に「熱中症を予防しよう－知って防ごう熱中症－」を発行し、これを都道府県及び市町村の教育委員会、国公私立の小学校、中学校、高校に配布した。

そこでは、熱中症の説明、熱中症が起こりやすい条件、熱中症予防の原則、熱中症の応急処置、学校における熱中症予防のための指導のポイント、熱中症予防と体育・スポーツ活動の進め方などを具体的かつ平易に記載し、上記イの死亡事例やその発生傾向などが紹介されている。

そのうち、「熱中症予防の原則」の項「1 環境条件に応じて運動する（「熱中症予防のための運動指針」を参照）」には、参考資料として掲記した本件指針を参照すべき旨が記載されるとともに、「暑い季節の運動は、なるべく涼しい時間帯に行い、運動が長時間にわたる場合には、こまめに休憩をとりましょう（30分に1回程度）」との説明がされている。

(エ) 大阪府教育委員会による指導

大阪府教育委員会は、平成19年、府立学校における熱中症対策についての調査を行い、その結果を同教育委員会委員の意見として提出した。

その概要は、A 本件指針を活用するよう各学校へ指導していること、B しかし、予防対策については十分でなく、乾球温度計及び湿球温度計の設置状況についても芳しくない状況にあったこと、C 府立学校に対して熱中症予防のための具体的な取組を指示する必要があること、D 本件指針を十分に活用するために、乾球温度計などの測定器の設置場所、設置方法、測定方法及び活用方法について的確な指示を与える必要があること、などを指摘するものである。

(オ) 市教育委員会による指導

A市教育委員会学校教育推進室長は、平成22年6月25日付けで、A市立学校園長に対し、「熱中症事故及び落雷事故の防止について（通知）」を発し、熱中症対策としては、上記(ウ)の「熱中症を予防しよう－知って防ごう熱中症－」を参考に、各学校園の実情に応じた対策を講じ、熱中症事故の防止に万全を期するようにお願いする旨を指示した。

また、同年7月25日にも「夏季休業中の教育活動における事故防止について（通知）」を発し、熱中症事故の防止を呼び掛けた。

そのほか、同年5～7月のA市立学校の校園長会でも、熱中症予防についての指導が繰り返し行われた。

(カ) 被告中学校長による指導

被告中学校では、本件事故前の平成22年8月5日、被告中学校長から各教諭に対し、熱中症対策として、練習内容、健康観察、水分補給、休憩、早い対応などを指導した。

エ 本件事故当時（平成22年）の温度計等の設置状況

(ア) 本件事故当時、大阪府内の中学校では、本件指針を活用する前提となる乾球温度計等の測定器が全校に設置されている状況にはなかった。

(イ) 被告中学校においても、本件事故当時、WBGTを計測するための黒球温度計及び湿球温度計はもとより、一般の乾球温度計及び湿度計も設置されていなかった。

(2) 本件事故当日の気温等

ア 本件事故当日の天候は、晴れであった。

イ 本件事故当日の大阪府の気温及び相対湿度は、下記表（略）のとおりであった。なお、相対湿度とは、当該温度下の空気中に含み得る最大限の水分量に比べて、どの程度水分を含んでいるかを示す値である。

ウ 平成26年8月20日の本件体育館内のWBGT等

平成26年8月20日の本件進行協議期日において、原告が持参した機器により、本件体育館の内外で行った温度、湿度及びWBGTの測定結果は、以下のとおりであった（測定結果及び測定条件については、被告も特に争っていない）。

(ア) 平成26年8月20日午後0時48分の本件中学校敷地内（屋外）の温湿度

温度：33℃、湿度：60%、WBGT：30.3℃

(イ) 体育館内の温湿度

A 平成26年8月20日午後1時01分

本件体育館内の全ての窓、暗幕カーテンと出入口を開け、扇風機1台と冷房機2台を稼働させた状態での計測結果

温度：34.5℃、湿度51.7%、WBGT29.8℃

B 平成26年8月20日午後1時12分

本件体育館内の全ての窓、暗幕カーテンと出入口を閉め、扇風機と冷房機を全て停止した状態での計測結果

温度：35.2℃、湿度：49.6%、WBGT：30.2℃

C　平成26年8月20日午後1時40分
　本件体育館内の下部の窓及び暗幕カーテンを開け、その他の窓、暗幕カーテン及び出入口を閉め、扇風機と冷房機を全て停止した状態での計測結果
　温度：36.0℃、湿度：49.1％、WBGT：30.8℃
　エ　本件事故当時の体育館内のWBGT等
　本件事故は、平成22年8月30日午後1時過ぎ頃に発生したものであり、上記ウと類似する条件下にあった。そのため、本件事故当時の本件体育館内のWBGT、温度及び湿度も、上記ウ(イ)Cと同程度であったと推察される。（この点、原告は、本件事故当時は、本件体育館内で20数名の本件バドミントン部員が運動をしていたことをもって、WBGTが31℃を超えていた旨主張するが、20数名の部員が運動することで体育館内の温度が有意に上昇するとは直ちに認め難く、後記のとおり本件事故の約30分前の休憩中は出入口、暗幕カーテン及び窓を開けていたこと（後記(3)エ）も踏まえると、本件事故当時の本件体育館内のWBGTが31℃を超えていたとまでは認め難い）
　(3)　本件事故当日の練習内容その他の事実経過
　ア　午前11時10分
　原告は、部活動を開始し、体育館の外で、ランニング3往復と体操を行った。
　原告は、体育館内に移動し、フットワーク4方向（左右前後）を3セット行った。この間、本件体育館の窓、暗幕カーテン及び出入口は全て開いていた。
　イ　午前11時45分頃
　C教諭は、原告ら部員に対し、5分間の休憩及び水分補給を指示し、原告は、少し水を飲み、2、3分で練習に戻った。
　この間、本件体育館の窓、暗幕カーテン及び出入口は全て開いていた。
　ウ　午前11時50分頃
　原告は、2人組のペアになって、基礎打ち（打ち合い）の練習を行った。
　この間、本件体育館の下部の窓は開いていたが、バドミントンのシャトルが風で飛ばされないようにするため、その他の窓、暗幕カーテン及び出入口は閉められていた。
　エ　午後0時20分頃
　C教諭は、原告ら部員に対し、5分間の休憩及び水分補給を指示し、原告

は、少し水を飲み、2、3分で練習に戻った。

この間、本件体育館の窓、暗幕カーテン及び出入口は全て開いていた。

オ　午後0時25分頃

原告は、シングルスの試合形式の練習（1セット10～15分）を開始し、1試合目は主審を担当した。

この間、本件体育館の下部の窓は開いていたが、その他の窓、暗幕カーテン及び出入口は閉まっていた。

カ　午後1時前頃

原告は、2試合目の試合形式の練習に参加した。

原告は、その途中、地面に落ちたシャトルを左手で拾おうとした際に、これを拾い損ねることがあったが、その後も試合形式での練習を継続し、得点を得ることもできていた。

しかし、原告はその後、再び地面に落ちたシャトルを拾い損ねたため、C教諭は不審に思い、直ちに試合を止めて、原告の様子を確認したところ、原告が、「頭が痛い。しんどい」と訴えたため、体育館の脇に移動させて水分を取らせた。

その後、C教諭は、原告を体育館内の教官室へ移動させ、スポーツドリンクを飲ませるなどした。このとき、原告は、汗をかいていたものの、顔の左側が引きつっており、左足のつま先が内側に向いて、左腕も脱力し、左手の握力もない状態であった。

原告は、「大丈夫」と言って笑っていたが、上手く話せておらず、顔の左部分が上手く動いていなかったことから、C教諭は、原告を直ちに病院に連れて行くことにした。

キ　その後

原告は、C教諭とともにタクシーでD病院を受診し、アテローム血栓性脳梗塞の診断を受け、同病院に入院した。

原告は、同病院受診時に2回ほど嘔吐したが、意識は一貫して清明であった。

(4)　原告の熱中症の発症

原告は、上記経過において、練習開始（上記(3)ア）から本件事故（同カ）までの間に、熱中症（脱水による熱疲労。上記(1)ア(イ)）を発症していたと推認される。

（被告はこれを否認するが、A　本件事故当時の本件体育館内は、WBGTが31℃に極めて近く、乾球温度は35℃を超えるような環境にあったこと、B　原告は、コート内で身体を素早く動かす上、豊富な運動量を求められるバドミントンの練習を行っており、当日の練習開始から本件事故までに約2時間が経過していたこと（上記(3)）、C　原告には、熱中症（脱水による熱疲労）の症状とされる全身倦怠感、脱力感、頭痛、めまい、嘔吐等（上記(1)ア(イ)）が認められたことを併せ考えると、原告は、本件事故当時、熱中症を発症していたと認めることができる）。

(5)　脳梗塞

ア　医学的知見

(ｱ)　脳梗塞とは、脳の血管が詰まって血流が途絶える疾患である。

(ｲ)　アテローム血栓性脳梗塞は、脳の太い動脈に動脈硬化が起こり、血栓が発生して血管が詰まることで発症する。

(ｳ)　脳梗塞が起きると、体の左右どちらか片側に突然症状が現れる。特に多いのが、「体の片側の腕や脚が麻痺する」、「顔がゆがむ」、「ろれつが回らないなどの言語の障害」の3つである。

(ｴ)　アテローム血栓性脳梗塞は、加齢に伴って発生する頻度が高まるが、特に高血圧症、糖尿病、高脂血症などの基礎疾患を有する者に好発する。

(ｵ)　アテローム血栓性脳梗塞は、<u>脱水との関係が比較的強い</u>と考えられており、夏には多くの汗をかくため、それに見合った量の水分を補給していないと、体が脱水症状に陥って、血流が悪くなったり、血栓ができやすくなったりして発症する場合がある。

イ　原告の既往歴

原告は、本件事故以前に、脳梗塞を発症したことはなく、アテローム血栓性脳梗塞の原因となるような高血圧、糖尿病、高脂血症の既往歴もなかった。

(6)　プロテインS欠乏症（プロテインS欠損症）

ア　医学的知見

(ｱ)　プロテインSは、ビタミンK依存性タンパクの1つである。

血漿中のプロテインSが量的又は質的に異常があるプロテインS欠乏症においては、プロテインCの効果及びプロテインS自体の抗凝固効果が妨げられ、種々の血栓塞栓性疾患が生じる。

プロテインS欠乏症患者におけるプロテインS血栓症発症率は、健常人の

10倍程度である。
　㈦　（略）
　イ　（略）
　ウ　原告の既往歴
　原告は、本件事故以前に、プロテインＳが少量であることを原因とする血栓塞栓性疾患に罹患したことはなかった。

2　争点1～3（C教諭又は被告中学校長の過失）について
　(1)　熱中症の発症予防に関する一般的注意義務
　ア　被告中学校のような公立中学校の部活動は、学校教育の一環として行われる以上、学校設置者である地方公共団体は、部活動に際し、生徒の生命、身体の安全を確保するよう配慮すべき義務を負うことになる。学校設置者の上記義務の履行は、教育委員会による監督を受けつつ各学校の校長及び教員が行うことになるから、各学校の校長及び各部活動の指導教諭は、学校設置者の履行補助者として、部活動中の生徒の生命、身体の安全確保に配慮すべき義務を負うものと解される。熱中症は、重篤な場合には死に至る疾患であることからすれば、校長及び指導教諭は、上記安全配慮義務の一環として、熱中症予防に努める義務を負うものと解される。
　イ　ところで、熱中症は、体内の熱量に比して水分が不足することによって生じる疾患であるから、運動を行う温度及び湿度、行う運動の内容や種類、それが身体に及ぼす影響の程度、補給する水分量などを踏まえて、その発生を未然に防止することが必要となるものと考えられる。本件指針は、これら諸要素を踏まえて、スポーツ活動に携わる者がとるべき行動指針を示したものであって、その内容は、熱中症予防の観点から合理性を有するものといえる。
　そして、A　平成6年には、本件指針及びこれに解説を付した「スポーツ活動中の熱中症予防ガイドブック」が発行されて広く学校関係者に周知され、B　平成15年には、文部科学省が監修し、日本体育・学校教育センター（JSCの前身）が作成した「熱中症を予防しよう-知って防ごう熱中症-」（そこには本件指針が参考資料として引用転記されている）が発行され、これまた広く学校関係者に周知され、C　平成19年には、大阪府教育委員会において、府立学校における本件指針の実施状況を調査し、温度計の設置等の具体的対策を

行う必要があるとの意見が表明され、D 平成22年7月には、A 市教育委員会から同市立学校の校園長に対し、上記Bを引用しての熱中症対策に万全を期するようにとの通知がされ、同年5～7月の同校園長会においても、同旨の指導が行われていたことが認められる。

これらの事情を踏まえれば、平成22年8月の本件事故当時、部活動に関わる指導教諭及びこれを指導する校長は、部活動中の生徒の生命、身体の安全確保に配慮すべき義務の一環として、生徒の熱中症発症を予防すべく、本件指針に準拠し、その趣旨を踏まえて熱中症予防策をとるべき法的義務を負っていたものと解するのが相当である。

(2) 本件における具体的注意義務

ア　ところで、本件指針は、WBGTの数値を主たる基準として、部活動の指導者がとるべき対応についての指針を示すものである。したがって、本件指針の趣旨を踏まえて熱中症予防を実現する措置をとるには、その前提となるWBGT又はこれに相当する湿球温度又は乾球温度（以下「WBGT等の温度」）を把握することがまずもって必要となり、そのためには、部活動を行う室内又は室外に黒球温度計、湿球温度計又は乾球温度計のいずれかを設置し、各指導教諭がWBGT等の温度を把握することができる環境を整備することが不可欠であったといえる。したがって、被告中学校において部活動の指導教諭を監督する立場にあった被告中学校長には、上記温度計を設置する義務があったというべきである。

イ　また、本件指針の趣旨を実現するには、各部活動の指導教諭が本件指針の趣旨を理解し、これを実際の部活動の各場面・状況に応じて適切に活用し、熱中症予防のための行動をとることが必要となるから、被告中学校長には、部活動の指導教諭に対し、本件指針の趣旨と内容を周知させ、これに従って行動するように指導する義務があったというべきである。

(3) 注意義務違反

ア　しかるに、本件事故当時、被告中学校の本件体育館には、黒球温度計及び湿球温度計はもとより、一般の乾式温度計も一切設置されていなかったのであり、本件指針の趣旨に従って熱中症の予防に配慮する前提となるWBGT等の温度を認識することのできる環境が全く整備されていなかったことになるから、被告中学校長が上記(2)アの義務を怠っていたことが明らかである。

イ　また、被告中学校では、本件事故前の平成22年8月5日、被告中学校長から各教諭に対し、熱中症対策として、練習内容、健康観察、水分補給、休憩、早い対応などについての指導があったと認められるものの、被告中学校には乾式温度計すら設置されていなかったことを踏まえると、WBGT等の温度を基本として対応を検討すべきものとする<u>本件指針の趣旨と内容が周知・徹底され、これに従って行動するよう指導されたとは考え難く、それに及ばない一般的指導がされたに止まった</u>ものと認められるから、上記(2)イの義務をも怠ったものというべきである。

　ウ　これに対し、被告は、本件事故当時、多くの中学校では、温度計を必要な場所すべてに置いて厳密な温度の確認による管理を行うとの実態はなかったもので、それを行うべきものとするのは理想論に止まるなどとして、被告中学校長には前記各義務違反がなかった旨主張する。

　しかし、平成22年までに、<u>本件指針に準拠した熱中症対策を行うべきことが広く周知され、教育関係者において負担すべき一般的義務となっていた</u>と解される以上、多くの中学校における熱中症対策が不十分であったからといって、上記義務が軽減されるいわれはない。

　たしかに、部活動の現場で、温度を管理しながら運動の可否・内容を決することには、煩雑な部分があることは否定し得ないが、だからといって、<u>児童生徒の生命・身体の安全を疎かにすることがあってはならず、できる限り危険の発生を回避すべく、温度管理を基本としながら、冷房機や冷風機などを用いて極力気温を下げたり、風を循環させたりする工夫をした上で、それでも気温が高い場合には、運動を回避又は軽減したり、休憩や水分・塩分の補給に慎重な配慮を巡らせるなどのきめ細かい対応を検討しつつ、部活動をできる限り安全に実施することが求められていた</u>ものというべきであるから、これらの工夫をすることなく、現状のまま部活動を実施することもやむを得ないという被告の主張は採用できない。

　エ　以上のとおり、<u>被告中学校長には、上記(2)の各注意義務を怠った過失がある</u>というべきである。

　(4)　小括（争点1～3の結論）

　ア　以上によれば、本件事故当時の本件体育館内のWBGTが31℃を超えていたとは断定できないから、これを前提とする争点1についての原告の主張は理由がない。

イ　また、C教諭には、本件体育館内に温度計の設置がない状況下で、本件指針の趣旨・内容を踏まえた運動の中止又は軽減の判断を適切に行うことは困難であったと認められるから、C教諭が争点2の具体的注意義務を負っていたとは解されず、争点2についての原告の主張も理由がない。

ウ　これに対し、被告中学校長には、上記(3)の過失があるといえるから、争点3についての原告の主張は理由がある（以下、上記(3)の過失を「本件過失」）。

3　争点4（本件過失と本件脳梗塞との間の因果関係）及び争点5（素因減額の可否及び程度）について

(1)　本件過失と熱中症との間の因果関係

被告中学校長が上記2(3)の義務を履行することにより、WBGT又は気温を計測できる温度計を設置し、かつ、本件指針の趣旨・内容を踏まえた対応を行う旨の指導を行っていたとすれば、C教諭は、本件指針の趣旨・内容を踏まえ、本件事故当日の練習時に、本件体育館内の温度を確認し、運動を中止するか又は軽めの運動に止める旨の判断をしたであろうと推察される。

すなわち、本件事故当時、WBGTが31℃を超えていたとまでは断定できないものの、30.2℃ないし30.8℃といった31℃に極めて近い程度であったことが推認される。また、仮に、本件体育館に乾式温度計のみが設置されていた場合には、平成26年8月20日の計測結果（35.2℃ないし36.0℃）から推して、WBGTに換算すると31℃を超えていると判断された可能性が高かったといえる。そうすると、C教諭は、本件事故当日、窓とカーテンを閉めて練習を開始した午前11時50分頃からそれほど間がない時点で、WBGTが31℃を超えるか又はそれに極めて近い状況にあることを認識し、本件指針の趣旨・内容を踏まえて、練習の中止又は内容の軽減を検討・実施したものと考えられるから、少なくとも本件事故前に実際に行った基礎打ち及び試合形式の各練習を平常どおり行うことはなかったはずであり、そうであれば、原告が熱中症に罹患することもなかったものと推察される。

このように、被告中学校長が上記(3)の各義務を履行していれば、本件事故前にしたものと同様の通常の練習をしなかった結果、原告が熱中症に罹患することもなかったと考えられるから、上記義務違反の過失と原告が熱中症に罹患したこととの間には因果関係があると認められる。

(2) 熱中症と本件脳梗塞との間の因果関係

A 原告は、本件事故当時、熱中症による脱水症状を来していたこと、B 体が脱水症状に陥ると、アテローム血栓性脳梗塞の原因となる血栓ができやすくなること、C 原告は、若年であり脳梗塞の原因となる高血圧、糖尿病等の基礎疾患を有していないこと、D 原告のプロテインSの数値は低値であるものの、それにより本件事故以前に脳梗塞等の血栓塞栓性の疾患を生じたことはなかったことなどからすると、本件脳梗塞は、本件事故当時の熱中症による脱水症状がなければ生じることはなかったものと認められる。

したがって、争点3における過失と本件脳梗塞の発症との間には因果関係があると認められる。

(3) 原告の素因の寄与とその割合（素因減額の可否及び程度）

ア　しかし他方で、A 原告は本件事故当時、一貫して意識は清明であり、血液の凝固異常が生じるほどの重度の熱中症（熱射病）であったとはいえないこと、B 本件事故当時、原告が行っていたバドミントンは、屋外での運動や厚手の衣服を着用して行う剣道や柔道に比べ、高度の脱水症状が生じやすいものではないこと、C 本件事故が発生したのは、練習開始から約2時間後であり、その間に2回の休憩があり、その際には一定程度の水分補給をしていたこと、D それにもかかわらず、本件脳梗塞を発症し、その程度は入院約3か月、リハビリを含めた通院約8か月を要するものであったこと、E 原告のプロテインSの抗原量は基準値を下回る状態（プロテインS欠乏症）であったところ、プロテインS欠乏症の患者は、血液の凝固による血栓塞栓性疾患が生じ易く、その発症率は健常者の10倍程度とされていることなどの事実が認められる。

イ　この点、原告は、平成22年の血液検査時のプロテインSの数値は、当時服用していたワーファリンの影響によるものであって参考にならないこと、平成24年の血液検査での値は基準値を下回るが、小児の場合には成人に比べて低値となることがある上、下回る程度もわずかであることなどを指摘し、原告はプロテインS欠乏症ではなく、これを原告の素因として考慮すべきではない旨主張する。

しかし、A 原告は平成23年9月5日を最後にワーファリンの服用を中止した後の、平成23年12月27日、平成24年4月5日及び平成25年8月23日に実施された各血液検査によれば、いずれも原告のプロテインSの数値は

基準値の下限を明らかに下回っていること、B 小児の場合に基準値を引き下げて考える立場によったとしても、プロテインSのフリー抗原量は基準値を下回っていること、C 医師の所見においても、上記抗原量は正常とはいえず、それが脳梗塞の原因であった可能性があると指摘されていることに照らすと、原告がプロテイン欠乏症に罹患しており、それが脳梗塞の発症に影響を与えたことは否定できないというべきであるから、上記認定を左右しない。

ウ　原告は、もともと通常人に比べて血液が凝固し易いという身体的素因（プロテインS欠乏症）を有していたところに、本件過失によって生じた熱中症による脱水症状のため血栓ができ易くなったことが相まって、本件脳梗塞を発症したものと推認され、原告のプロテインS欠乏症が、本件脳梗塞の発症及びその重篤化に相当大きく寄与したものとうかがわれるところ、その寄与の程度は70％と認めるのが相当である。

4　争点6（原告の後遺障害の程度）について

(1)　原告は、後遺障害等級7級に相当する左半身の麻痺の後遺障害が残っており、仮に上肢だけをみても後遺障害等級9級に相当する障害が残っている旨主張している。

(2)　ア　原告は、本件事故当日の平成22年8月20日から同年12月3日まで入院し、退院後リハビリ治療を行い、D病院のK医師から、平成23年8月13日で症状固定との診断を受けた。

イ　K医師は、平成23年10月4日時点の原告の症状につき、障害名を「左不全片麻痺」、総合所見を「左上下肢の軽度の障害」、参考となる経過として「リハビリにて左不全片麻痺軽快、（中略）。発症前に行っていたバドミントンができない」としている。

ウ　K医師は、平成24年1月17日の最終受診時の原告の症状を「軽度左不全片麻痺があるが、バドミントン部の活動もできている」としている。

エ　EクリニックのL医師は、平成24年8月31日の最終受診時の原告の症状を「軽度の左半身の不全麻痺」としている。

オ　原告は、平成22年12月3日の退院から間もなくして、本件バドミントン部に復帰し、中学3年生の6月まで部活動を継続し、中学3年時の地区大会では、2、3人と試合をし、ブロック内で優勝した。そのほか、体育の授業、運動会、スキー合宿、修学旅行にも参加した。

カ　原告は，平成27年8月の時点では，雨の日に右手で傘を持ち，左手でハンドルを握って，自転車の運転をすることができる状態にある。
(3) ア　左下肢の後遺障害
　原告は，左足のつま先に力を入れることができず，履いていたスリッパが脱げたり，何もないところで躓いたりする旨主張し，原告本人及び同法定代理人の供述及び陳述書には，これに沿う部分がある。
　しかし，原告は，俊敏なフットワークが要求されるバドミントンの部活動を行い，地区大会のブロック内で優勝したこともあり，また，片手ハンドルで自転車に乗ることもできるというのであるから，左下肢の機能が損なわれているとは認め難く，この点に後遺障害があると評価することはできない。
イ　左上肢の後遺障害
　原告は，左上肢の麻痺が顕著であり，後遺障害等級9級に相当する障害が残存していると主張し，左手に震えの症状が出ることがあるため，服の着替えや食事の際には，右手のみで行っている状態にあると供述している。
　しかし，原告の供述によっても，左手を使った作業自体ができないわけではなく，主として利き手である右手を使って日常生活を送っているというものとうかがわれる上，危険が伴う自転車の運転を左手のみで行うことができるというのであるから，その機能は相当程度維持されているというべきである。
　これに，医師らが原告の左不全片麻痺の程度を軽度であると診断していることを併せれば，原告の左上肢の後遺障害の程度は，それにより服することができる労務が相当な程度に制限されるものに当たるほど重いとはいえず，指先などの局部に頑固な神経症状を残すにとどまるものとして，後遺障害等級12級に該当するものと認めるのが相当である。
(4) 小括
　以上によれば，争点6についての原告の主張は，上記の限度で理由がある。

5　争点7（原告の信義則違反）の主張について

(1)　学校の設置者が損害賠償責任を負う場合において，免責特約付きの災害共済給付契約に基づきJSCが給付を行ったときは，その価額の限度で損害賠償責任を免れることができる。その反面，学校の設置者が損害賠償責任を負う場合に，免責特約付きの災害共済給付契約に基づき給付が行われる前に，

学校の設置者から児童生徒に対して損害賠償金が支払われたときは、学校の設置者から JSC に対して災害共済給付金の支払請求ができる旨の定めがないため、学校の設置者が免責特約を活用することができない。

被告は、以上を踏まえ、原告が JSC に対して災害共済給付契約に基づく障害見舞金の支払請求を正当な理由もなく行わないことは、被告が損害賠償責任を免れる利益を奪うものであって、信義則に反すると主張するものと解される。

(2) たしかに、被告には、免責特約の付された災害共済給付契約に基づき、JSC が災害共済給付を行った限度で学校の設置者の損害賠償責任を免れることのできる利益があり、これは先に JSC から児童生徒に対する給付が行われる場合にだけ享受できるものであるから、被告が原告に対し障害見舞金の支払請求をするよう求めたことには、一定の合理性があるということができる。

しかし他方で、上記免責の利益は、免責特約を付した災害共済給付契約に限って認められるもので、制度上当然に享受できる利益ではないこと、その利益の確保を重視するのであれば、制度上、損害賠償の支払が先行した場合にも、学校の設置者に JSC への災害共済給付の支払請求を認めるはずのところ、そのようにはなっていないことからすれば、上記免責の利益は、災害共済給付制度上、あくまで副次的なものと位置づけられていると理解されるところである。したがって、本来、自己の権利をどのように行使するかは権利者の選択に委ねられるものであるところ、センター法がその原則を修正してまで上記免責の利益を保護しようとしているとは解されないから、上記免責の利益を重視して、原告の行動を信義則違反に当たるとみるのは困難である。

(3) 被告は、そのほかにも、原告が二重に利得することになるのは不当であること、被告の行動が矛盾挙動に当たることなども指摘する。

しかし、原告が、本件で後遺障害に係る損害賠償請求を認容された後に、障害見舞金の支払請求をしてもそれが認容されることはないし、仮に認容されたとすれば不当利得として返還すべきものとなるから、いずれにしても二重に利得する余地はない。また、症状固定を前提とする後遺障害に係る損害賠償請求と、症状固定がないことを前提とする医療費の請求は、矛盾する行動であるが、既に症状固定後であることが明らかな本件において、JSC が医療費の請求を認容するかは疑問であるし、仮に認容されることがあっても、それが被告に不利益をもたらすものではないから、原告の本件請求を制限す

る根拠となるものとは解されない。
　(4)　以上のとおり、原告には本件請求を制限されるほど信義則に反する事情があるとはいえないから、争点7についての被告の主張は理由がない。

6　損害額について
　(略)

7　結論
　以上によれば、原告の請求は、411万6811円の支払を求める限度で理由があるから認容し、その余は理由がないから棄却することとし、(中略)主文のとおり判決する。

2　2条8項に関係する裁判例

〔2条8項〕「スポーツは、スポーツを行う者に対し、不当に差別的取扱いをせず、また、スポーツに関するあらゆる活動を公正かつ適切に実施することを旨として、(中略)スポーツに対する国民の幅広い理解及び支援が得られるよう推進されなければならない」

・2-①　損害賠償等請求事件(大阪地方裁判所 平成17年8月30日判決)

主文
1　原告の請求を棄却する。
2　訴訟費用は原告の負担とする。

事実及び理由
第1　請求
　被告は、Aに対し、126万6150円を大阪府に支払うよう請求せよ。
第2　事案の概要
1　本件は、大相撲大阪場所(大相撲春場所。以下「春場所」)における大阪府知事賞(以下「知事賞」)の贈呈に関し、財団法人日本相撲協会(以下「相撲協会」)が、大阪府知事(以下「知事」)であるAが女性であることを理

由に土俵へ上がるのを拒否しているため、大阪府副知事がこれを代理授与していることについて、原告が、平成15年及び平成16年の各春場所における知事賞の贈呈に係る贈与契約が違法であるなどと主張して、地方自治法242条の2第1項4号に基づき、被告に対し、同契約の当時、大阪府知事の地位に在ったAに対して、知事賞贈与に要した費用の損害金合計126万6150円を大阪府に支払うよう請求することを求めている住民訴訟である。

2 前提となる事実

(1) 当事者

ア 原告は、大阪府内に主たる事務所を有する特定非営利活動法人である。

イ 被告は、大阪府の長であり、地方自治法240条の規定に基づき大阪府の債権を管理する権限を有する者である。

ウ Aは、平成12年2月に行われた知事選挙において当選し、同月から現在に至るまで知事の職に在る者である。

(2) 知事賞の代理授与に至る経緯について

ア 相撲協会は、例年3月に大阪府で春場所を挙行している。大阪府は、昭和28年以降、春場所の幕内優勝力士を称えるため、相撲協会からの大阪府知事賞贈与申請に基づき、幕内優勝力士に対し、知事賞を贈呈してきた。

そして、平成11年春場所までは、春場所の千秋楽において、知事が、知事杯（持ち回り）、知事名の賞状及び副賞の目録を自ら土俵上において幕内優勝力士に授与し（以下「直接授与」）、副賞の現物については、数量、種類及び贈呈時期を当該力士と協議の上、後日引き渡してきた。

イ (ア) <u>相撲協会は、女性が大相撲の土俵上に上がることを禁忌としている。</u>

(イ) 相撲協会は、女性であるAが知事になったことから、大阪府知事賞贈与申請をしながらも、知事自身が土俵上に上がって知事賞を直接授与することを拒否した。

そのため、平成12年から平成14年までの各春場所に係る知事賞の贈呈は、Aに代わり、男性である大阪府副知事（以下「副知事」）が土俵上において賞状及び副賞目録を授与するという方法（以下「代理授与」）によって行った。

ウ 大阪府において、春場所に関する事務を所管しているのは、生活文化

部生涯スポーツ振興課である。
　エ　平成15年春場所知事賞について
　相撲協会は、平成15年2月5日、知事に対して、平成15年春場所を挙行するに当たり、同場所での幕内優勝力士に知事賞を贈与されたいと申請した。
　大阪府は、同年3月14日、上記申請を受けて、平成15年春場所における幕内優勝力士に対し、賞状及び副賞（能勢米及び大阪ウメビーフ合計50万円相当）を贈呈することを、生涯スポーツ振興課長の専決により決定し、その旨相撲協会に伝えることにより第三者のためにする契約である贈与契約（以下「本件贈与契約〔1〕」）を締結した。
　B副知事（以下「B」）は、平成15年3月23日に行われた同年春場所の表彰式において、幕内優勝力士であるX関に対し、知事賞の賞状と副賞目録の代理授与を行った。
　オ　平成16年春場所知事賞について
　相撲協会は、平成16年2月10日、知事に対して、平成16年春場所を挙行するに当たり、同場所での幕内優勝力士に知事賞を贈与されたいと申請した。
　大阪府は、同年3月12日、上記申請を受けて、平成16年春場所における幕内優勝力士に対し、賞状及び副賞（能勢米及び大阪ウメビーフ合計50万円相当）を贈呈することを、生涯スポーツ振興課長の専決により決定し、その旨相撲協会に伝えることにより第三者のためにする契約である贈与契約（以下「本件贈与契約〔2〕」といい、本件贈与契約〔1〕と合わせて「本件各贈与契約」）を締結した。
　C副知事（以下「C」）は、平成16年3月28日に行われた同年春場所の表彰式において、幕内優勝力士であるY関に対し、知事賞の賞状と副賞目録の代理授与を行った。
　(3)　知事賞関係の支出について
　ア　平成15年春場所について
　㋐　大阪府は、同年春場所に係る知事賞の賞状の筆耕を株式会社文琳社（以下「文琳社」）に代金5880円で依頼し、その費用を支払った。
　㋑　大阪府は、同場所の知事賞副賞のための牛肉及び能勢米を、大阪ウメビーフ協議会（以下「協議会」）及び大阪北部農業協同組合（以下「北部農協」）から購入し、協議会に対して代金30万円を、北部農協に対して代金19万6800円を、それぞれ支払った。

イ　平成16年春場所について
(ア)　大阪府は、同年春場所に係る知事賞の賞状の筆耕を文琳社に代金5880円で依頼し、その費用を支払った。
(イ)　大阪府は、同場所の知事賞副賞のための牛肉及び能勢米を、協議会及び北部農協から購入し、協議会に対して代金30万円を、北部農協に対して代金19万7400円を、それぞれ支払った。
(4)　出張旅費の支出について
ア　平成15年6月の出張について
Bは、D生活文化部長（以下「D」）に対し、平成15年6月5日に財団法人日本体育協会（以下「体育協会」）、相撲協会及び文部科学省へ出張するよう命じ（以下「旅行命令〔1〕」）、この出張のため、府民活動推進課課長補佐は、同月3日、出張旅費4万0180円の支出命令（以下「支出命令〔1〕」）を専決により発し、これに基づき、上記旅費が支給された。
Dは、E生涯スポーツ振興課長（以下「E」）及び同課F参事（以下「F」）に対し、上記出張への同行のため出張を命じ（以下「旅行命令〔2〕」）、この出張のため、生涯スポーツ推進課課長補佐は、同日、出張旅費合計7万2730円の支出命令（以下「支出命令〔2〕」）を専決により発し、これに基づき、上記旅費が支給された。以下「本件出張〔1〕」）。
イ　平成15年12月の出張について
Cは、Dに対し、平成15年12月18日及び19日に相撲協会及び文部科学省へ出張するよう命じ（以下「旅行命令〔3〕」）、この出張のため、府民活動推進課課長補佐は、同月16日、出張旅費5万7780円の支出命令（以下「支出命令〔3〕」）を専決により発し、これに基づき、上記旅費が支給された。
Dは、Fに対し、上記出張に同行するための出張を命じ（以下「旅行命令〔4〕」）、この出張のため、生涯スポーツ推進課課長補佐は、同月24日、出張旅費3万0100円の支出命令（以下「支出命令〔4〕」）を専決により発し、これに基づき、上記旅費が支給された。以上の出張を、以下「本件出張〔2〕」）。
ウ　平成16年2月の出張について
Dは、G生涯スポーツ振興課長（以下「G」）及びFに対し、平成16年2月16日に相撲協会及び文部科学省へ出張するよう命じ（以下「旅行命令〔5〕」といい、旅行命令〔1〕から〔5〕を合わせて「本件各旅行命令」）、この出張のため、生涯スポーツ推進課課長補佐は、同月10日、出張旅費合計5万9400

円の支出命令（以下「支出命令〔5〕」といい、支出命令〔1〕から〔5〕を合わせて「本件各支出命令」）を専決により発し、これに基づき、上記旅費が支給された（この出張を、以下「本件出張〔3〕」といい、本件出張〔1〕から〔3〕を合わせて「本件各出張」）。

(5) 専決権限

本件各贈与契約、本件各旅行命令及び本件各支出命令の各行為者は、いずれも、大阪府事務決裁規程（昭和36年大阪府訓令第41号）により知事から権限の委任を受け、その権限を有するに至った者である。

(6) 住民監査請求及び本訴提起

ア 原告は、知事賞の代理授与は性差別であって、憲法14条等に反し、そのため、知事賞に係る経費の支出も違法・不当であるなどと主張して、平成16年2月20日、大阪府監査委員に対し、地方自治法242条1項に基づき、平成15年春場所の知事賞賞状経費、知事賞副賞経費及び本件各出張経費の各返還並びに平成16年春場所の知事賞関連経費の予算執行の差止めを勧告することを求める住民監査請求（以下「本件監査請求」）をした。

イ 大阪府監査委員は、同年3月12日付け書面（府監第1933号）をもって、原告に対し、知事賞に係る経費及び旅費の支出は違法・不当な支出には当たらないとする監査結果（以下「本件監査結果」）を通知した。

なお、本件監査結果には、「知事が直接授与することができない状態で知事賞に係る経費を支出することは、男女共同参画社会の形成の観点から決して好ましいとは言えない」として、「贈呈の停止を検討するとともに、（相撲）協会に対し、広く国民の意見を聞いて前向きな対応が行われるよう強く働きかけられたい」という被告に対する勧告（以下「本件勧告」）が付され、その対応を平成16年4月30日までに監査委員あてに報告するよう求める文言が付されていた。

ウ 原告は、平成16年3月23日、本件訴訟を提起した。

3 争点及び当事者の主張

本件の争点は、本件各贈与契約及び本件各支出命令が財務会計法規に反してされたか否かであり、この点についての当事者の主張は以下のとおりである。（当事者の主張は略）

(1) 本件各贈与契約の違法性の有無について〔争点1〕

(2) 本件各支出命令の違法性の有無について〔争点2〕

第3 当裁判所の判断
1 争点1（本件各贈与契約の違法性の有無）について
(1) 本件各贈与契約の内容について
ア 証拠によれば、以下の事実が認定できる。
(ア) Aは、初の女性の大阪府知事であり、同人が知事に就任する前は、知事賞は、いずれの年度も知事自身が土俵上において直接授与していた。
(イ) 相撲協会から知事宛てにされている平成15年及び平成16年の知事賞贈与申請書には、「平成15年（平成16年）大相撲大阪場所を挙行するに当たり、幕内優勝力士に大阪府知事賞を贈与下されたく申請しますので、よろしくお取り計らい願います」と記され、「事業の計画」として、贈与日時、参加範囲、事業効果及び後援の表示があるが、具体的な授与行為者が誰かは明示されていない。
(ウ) Aは、知事賞の表彰者として土俵に上がることを希望している旨公表している。同人は、原告が平成16年1月26日にしたアンケートに対しても、「女性表彰者が土俵に上がることを可とする」と回答している。
(エ) 相撲協会は、女性が土俵に上がることを伝統的に拒んでおり、Aに対しても「大相撲の伝統と文化を継承するため、格段の配慮をお願いしたい」などとして土俵に上がりたいとの希望につき難色を示し、土俵に上がることを拒否した。そのため、Aは、平成12年から平成16年までの春場所の知事賞授与を、いずれも代理授与の方法により行った。
相撲協会の平成16年春場所責任者であるH親方は、同年2月16日、知事賞をAが直接授与することについて、新聞記者の取材に対して、これを否定するコメントをした。
(オ) 知事賞の代理授与については、平成12年以降、例年、春場所直前に、相撲協会理事長から知事宛てに電話があり、「検討しているが結論が出ていないことから、本年も代理授与でお願いしたい」旨が伝えられ、知事の判断により代理授与を行っている。平成15年及び平成16年においても、同様の経過によって代理授与が決定された。
平成16年春場所については、知事賞贈与申請が同年2月10日にされたところ、相撲協会理事長は、同年3月8日、大阪府生活文化部長に対し、副知

事による代理授与を申し出た。

　イ　以上を前提に、Ａが、本件各贈与契約を締結した際、知事賞の代理授与を前提とし、あるいは容認していたかについて検討する。

　相撲協会から知事宛てにされる知事賞贈与申請書には、具体的に知事賞の授与行為を誰が行うかについては明示されておらず、また、これに対する承諾の意思表示中に、知事賞の授与行為を行う者を定める部分があったとも認められない。

　しかし、土俵に女性が上がることを相撲協会が禁忌としていること、実際にも、平成12年から平成14年までの各春場所において、相撲協会が、知事賞の直接授与を、Ａが女性であることを理由として拒否したこと、これらの際には、各春場所直前に、相撲協会理事長等から、代理授与の方法によってほしいという要請があり、それを受けて副知事による代理授与の方法がとられていたことからすれば、平成15年春場所に係る本件贈与契約〔1〕についても、代理授与の方法によってほしいという要請が同場所の開始前ころにあるであろうことは、贈与申請を承諾する時点で、すでに予定されていたものと推認できる。また、本件贈与契約〔2〕についても、その事情は本件贈与契約〔1〕と特段の変化がないから、これと同様に解される。

　そして、上記いずれの春場所においても、Ａが相撲協会の代理授与の要請を受け入れており、その際、相撲協会に対して強硬に抗議をしたとの事情が窺えないことからすれば、本件各贈与契約は、確定的ではないにせよ、代理授与による可能性が高いことを前提として締結されたものと認めることができる。

　(2)　本件各贈与契約の締結が違法か否かについて

　ア　証拠によれば、以下の事実が認定できる。

　㈠　生涯スポーツ振興課は、平成15年度の予算要求において、「内外に開かれた『スポーツ都市・大阪』をアピールするとともに、府民のスポーツへの関心を高め、生涯スポーツの振興を図る」との目的を掲げ、402万5000円の予算を割り当てられた。

　㈡　大阪府は、大相撲春場所が多くの府民に楽しまれており、相撲を通じてスポーツの振興に寄与するとともに、大阪の情報を発信するよい機会となっていることを勘案して、優勝力士の健闘を称え、府民の総意を示すという基本認識のもとに、幕内優勝力士に対する知事賞の贈呈を行っている。

(ウ) Aは、本件勧告を受け、平成16年3月26日付けで、相撲協会理事長に対し、大阪府知事としての考え方を示す通知を発した。その内容は、要旨、〔1〕知事賞に関して、従前、相撲協会の具体的な取り組みが示されなかったことは残念であるが、平成16年春場所でアンケートが実施されることになったことは評価していること、〔2〕同場所も引き続き知事賞を贈呈することとしたが、知事賞の直接授与ができないことは、男女共同参画社会という時代の流れから見て好ましくないと考えていること、〔3〕相撲協会において、広く国民の意見を聴取した上で前向きな対応が行われることを求めること、〔4〕4項目（同場所で実施したアンケート結果を早期に公表すること、東京、名古屋及び福岡でも大阪と同様にアンケートを行うこと、大相撲本場所入場者以外の方にも広く意見を聞くこと、及び透明性を確保しながら検討を続け、貴協会の結論を示すこと）について、同年4月20日までに書面による回答を求めることであった。

(エ) Aは、平成16年4月26日付け書面をもって、大阪府監査委員に対し、本件勧告への対応につき報告した。その内容は、要旨、〔1〕代理授与は、男女共同参画社会形成の観点から好ましくないと考えるが、同年春場所については、相撲協会での検討が行われていること、大相撲は長い伝統や文化に深く関わる問題であり、検討には時間がかかること、多くの府民が春場所を楽しみにしており、スポーツの振興のみならず、大阪を内外にアピールする絶好の機会になっていること等を勘案し、副知事に代理授与をさせたこと、〔2〕相撲協会には同年3月13日に生活文化部長をして監査結果を報告させるとともに、前向きな検討を申入れ、重ねて、同月26日には、上記の通知を発したこと、〔3〕相撲協会から、同年4月19日付けで回答を受け取ったことを報告するものであった。

イ 原告は、Aが男性副知事による代理授与を容認する内容の本件各贈与契約を締結したことは性差別を助長する行為であって、憲法14条、大阪府男女共同参画推進条例等の法令に違反し、財務会計法規にも反していると主張している。

たしかに、Aが女性であるというだけの理由で知事賞を代理授与という形でしか授与できないことは、少なくとも形式面において性差別の要素をもつのであり、この点を強調すれば、Aは、相撲協会が直接授与を確約しない限り、知事賞の贈呈を取りやめるべきであったことになろう。

しかし、他方で、知事賞は、「スポーツ都市・大阪」をアピールするとともに、大阪府民のスポーツへの関心を高め、生涯スポーツの振興を図るとの目的の下、大相撲春場所が多くの府民に楽しまれており、相撲を通じてスポーツの振興に寄与するとともに、大阪の情報を発信するよい機会となっていること等を考慮して、優勝力士の健闘を称え、府民の総意を示すために贈呈するものであるところ、本件各贈与契約を締結せず、知事賞贈呈を見送ることとした場合、大阪府は、この行政目的の実現ができないこととなる。

しかも、大相撲は長い伝統を有し、その中で、土俵に女性が上がることが禁忌とされていることは、国民に広く知られており、女性知事による知事賞の授与の形式を巡っては世論も分かれている。

これらの点を考えれば、知事の職にある者が、知事賞授与による上記行政目的の実現や大相撲の伝統にも配慮し、直ちに知事賞の贈呈を停止することなく、代理授与の方法を受忍した上で本件各贈与契約を締結し、その上で、相撲協会に対し、直接授与の実現に向けて、従前の取扱いの再検討を求めることにも、一定の合理性を認めることができる。したがって、Aが代理授与によって知事賞贈呈を行う可能性が高いことを前提として本件各贈与契約を締結したことについて、男女共同参画社会の実現に向けての積極性に欠けるとして、その政治的責任が議論される余地があるにしても、これをもって性差別を助長する行為であるとはいえず、憲法14条等に違反すると解することもできない。

ウ　なお、原告は、Aが相撲協会にアンケート実施を申し入れたことが、性差別を合理化しようとする相撲協会の意図に従った行為であると主張するが、上記アンケートが、かかる差別的意図の下にされたと認めるに足りる証拠はなく、この点についての原告の主張を採用することはできない。

(3) 小括

以上によれば、本件各贈与契約の締結が財務会計法規に反して違法であるとは認められないから、争点1に係る原告の主張は採用できない。

2　争点2（本件支出命令の違法性の有無）について

(1) 本件各出張に係る各旅行命令の違法性について

ア　本件出張〔1〕の用務について

原告は、平成14年春場所の知事賞贈呈についても住民監査請求を行い、そ

の監査結果（以下「前監査結果」）は、上記知事賞贈呈に係る支出は違法・不当なものではないというものであったが、「知事においては、協会から回答のあった全国アンケート調査の早期具体化を促すなど、この問題について速やかに結論を出すよう重ねて働きかけられたい」との監査委員の意見が付されていたこと、本件出張〔1〕の出張先は体育協会、相撲協会及び文部科学省であったこと、体育協会へは挨拶のために立ち寄ったこと、相撲協会へは前監査結果に基づく申入れのために訪問し、I理事長らの応対を受けたこと、同理事長らに対し、前監査結果を説明し、これに付された意見について申し入れるとともに、その進捗状況を尋ねたこと、相撲協会がアンケートを検討していることは知事も感謝していることを伝え、相撲協会において早期にアンケートをどうするかについての方向性を示して欲しいなどの申入れをしたこと、文部科学省へは、監査結果を説明するとともに、前向きな結論を早期に引き出すよう引き続き相撲協会に対する指導を要望したことがいずれも認められる。

イ　本件出張〔2〕の用務について

本件出張〔2〕の出張先は、相撲協会及び文部科学省であったこと、相撲協会へは、前監査結果に基づく申入れを引き続き行うとともに、アンケート調査についても進捗状況を問い質し、「検討中のアンケートの内容をぜひ示して欲しい。また、アンケート調査は、大阪においてぜひ実施して欲しい」と申入れるとともに、今後、さらに相撲協会が国民の声を聞きながら、速やかに結論を出すよう要望したこと、文部科学省へは、相撲協会への要望を行ったことを報告するとともに、相撲協会への引き続きの指導を依頼したことがいずれも認められる。

ウ　本件出張〔3〕の用務について

本件出張〔3〕の出張先は、相撲協会及び文部科学省であったこと、相撲協会へは、相撲協会が平成16年春場所の知事賞授与申請前に「従来どおりの方針は変わらない」とマスコミ取材に応じて混乱を招いたことを指摘するとともに、同場所でアンケートを実施してその結果を公表することと、性急に結論を出さず、他の場所でも調査しながら検討を進めることを申し入れたこと、文部科学省へは、相撲協会への上記申入れについて説明し、指導を依頼したことがいずれも認められる。

エ　検討

　以上の事実を前提に、本件各旅行命令が、知事から権限の委任を受けた職員の裁量権を逸脱濫用してされたものであるか否かを検討するに、前記アからウまでで認定した本件各出張の用務は、いずれも春場所の知事賞贈呈に関連する事項を含むものであるから、生活文化部の公務を遂行するため、本件各出張を行う合理的な必要性が明らかになかったということはできない。

　かえって、本件各出張においては、直接授与の実現へ向けられた要請や申入れが再三にわたって行われていること、これに関連して、<u>出張した職員が文部科学省にも立ち寄り、相撲協会への指導を求めていることが明らかであるから、本件各出張は、知事賞の直接授与を実現すべく行われたものと認めるのが相当</u>であって、生活文化部の公務の遂行に必要なものであったと認められる。

　原告は、本件各出張が、相撲協会のアンケート実施に感謝し、これを評価するために行われており、筋違いであると主張するが、これは前記アからウまでで摘示した各証拠の文言の一部のみをとらえた主張であり、本件各出張の趣旨を正解しないものであるから、採用することができない。

　よって、本件各旅行命令は、違法ではない。

(2)　原告は、本件各旅行命令が違法であることを前提に本件各支出命令が違法であると主張するが、本件各支出命令が違法でないことは前記(1)で説示したとおりであり、原告の主張は、その前提を欠く。

(3)　したがって、本件各支出命令が財務会計法規に反して違法であるとは認められないから、争点2に係る原告の主張は採用できない。

3　結論

　以上のとおり、原告の請求は理由がないのでこれを棄却することとして、主文のとおり判決する。

・2-②　慰謝料請求事件(津地方裁判所四日市支部　令和5年4月19日判決)

主文

1　原告の請求を棄却する。
2　訴訟費用は原告の負担とする。

事実及び理由

第1 請求
被告は、原告に対し、330万円を支払え。

第2 事案の概要
1 事案の要旨

本件は、元外国籍である原告が、ゴルフ場の運営を行う権利能力なき社団である被告に対して入会の申込みをしたところ、原告が元外国籍であることを理由に入会を拒否されたことにより精神的苦痛を被ったと主張して、被告に対し、不法行為に基づく損害賠償として、330万円（慰謝料300万円及び弁護士費用30万円）の支払を求める事案である。

2 前提事実

(1) 当事者

ア 原告は、昭和49年生まれの日本人男性であり、一般廃棄物の収集、運搬を目的とする有限会社桑名クリーンワールドの代表取締役を務める者である。原告は、かつては韓国籍であったが、平成30年10月19日、日本に帰化した。原告は、日本で生まれ育ち、現在も日本で生活している。

イ 被告は、昭和38年に設立された愛岐カントリークラブという名称のゴルフ場（以下「本件ゴルフ場」）の運営を行う権利能力なき社団である。

(2) 本件訴訟に至る経緯

ア 原告は、令和4年1月3日、被告のメンバーであるC（以下「C」）の誘いを受け、本件ゴルフ場のコースでプレーした。

イ 原告は、令和4年2月11日、Cとともに、本件ゴルフ場のコースでプレーし、同日、被告から入会に関する説明を受け、入会申込みの案内と提出すべき書類一式を手渡された。

ウ 原告は、令和4年2月16日、C及びD（以下「D」）とともに本件ゴルフ場のコースでプレーした。

原告は、同日、入会申込書、誓約書、戸籍抄本等（以下、これらを併せて「本件書類一式」）を被告に提出し、次のとおり法人会員の申込みを完了した。

法人の名称　有限会社桑名クリーンワールド

代表者氏名　原告

登録者名　　　原告
紹介者　　　　C
　原告は、この際、被告から、面談及び入会金の支払の後、入会手続が完了する旨伝えられた。
　エ　原告は、遅くとも令和4年4月27日頃までに、被告への入会を拒否することを伝えられた（以下「本件入会拒否」）。
　オ　原告は、令和4年5月17日、津地方裁判所四日市支部に本件訴訟を提起した。
　(3)　弁護士会への人権救済申立て
　ア　原告は、令和4年3月23日、三重県弁護士会に対し、本件入会拒否に関し、人権救済申立てをした。
　イ　三重県弁護士会は、令和4年12月14日、被告に対し、原告からの本件入会拒否についての人権救済申立てに関し、原告からの申込みに対して「外国籍（元外国籍を含む）」の会員数の上限があることを理由に入会を認めない対応をしたことは、申立人に対する人種差別（あらゆる形態の人種差別の撤廃に関する国際条約1条の「人種差別」）に該当する違法なものであり、元外国籍であることを理由とする入会拒否をしないよう勧告した。
　(4)　被告内部の取決め
　ア　被告の会員規約（以下「本件会員規約」）には以下の定めがある。
　(ｱ)　2条
　本クラブはゴルフを通じて会員の体位及び品格の向上を図り併せて内外人間の友誼と国際親善の増進を図るを以て目的とする。
　(ｲ)　6条
　本クラブの会員を分けて次の4種とする。
　名誉会員、特別会員、正会員（個人会員・法人会員）、準会員（週日会員・週日法人会員・家族会員）
　会員の権利及び義務は規約に定めるものの外は細則に定めるところによる。各会員の定数は理事会に於いて定める。
　(ｳ)　8条
　正会員又は準会員として本クラブに入会せんとする者は、正会員2名の紹介を得て入会の申込みをなし理事会の承認を得るものとする。
　ただし、準会員は特別の承認のない限り日曜日及び一般の休日においてプ

レーすることができない。
　(エ)　9条
　正会員並びに準会員は理事会の承認を得た後、入会金及び細則に定める負担金を納入したときに会員となる。
　(オ)　16条
　本クラブに次の役員を置き総会において正会員中より選任する。
理事　30名以内（内理事長1名、副理事長1名、常務理事2名以内）
監事　3名以内
　(カ)　17条
　役員は総て名誉職とする。但し職務の為に要した費用は本クラブの負担とすることを妨げない。
　尚理事長は理事会の承認を経て有給役員を置くこともできる。
　イ　被告の利用約款には、ビジターは会員の同伴又は紹介によってのみ、本件ゴルフ場の施設を利用することができるとされている（利用約款1条2項）。
　ウ　被告の理事会には、外国籍（元外国籍を含む）の会員数に上限を設け、この枠に空きが出た場合にのみ新規の外国籍（元外国籍を含む）の者の入会を認めるという申合せ（以下「本件申合せ」）がある。本件申合せの内容は、本件会員規約に記載はなく、一般に公表されているものではない。

3　争点
　(1)　本件入会拒否の違法性（争点(1)）
　(2)　原告の損害の有無及び損害額（争点(2)）

4　争点に関する当事者の主張
　（略）

第3　当裁判所の判断
1　認定事実
　(1)　本件入会拒否に至る経緯
　ア　原告が本件入会申込みをした後の令和4年2月20日、被告の従業員であるFは、原告に電話を掛け、その時点では、本件申合せにより元外国籍

を含む外国籍の会員の枠に空きがないため、原告が直ちに入会することはできない旨伝えた。

　　イ　原告は、前記アの被告従業員の説明に納得しなかったことから、E常務から再度説明を受けることとなり、E常務は、令和4年2月23日、原告に対し、原告の入会が認められない理由や本件申合せについて電話で説明した。その際のE常務と原告のやり取りの一部は以下のとおりである。

　　E常務「そこは、ひとつぐっと抑えてください。申し訳ない本当に。すみません。まあ、うちの理事会は長いこと、そういうことでやっていますので、これは私が言っても、順番…。決して、まったくだめだというわけではないんです」

　　原告「それは分かっています」

　　E常務「今回の募集で、5、6人はそういう方がみえるもんで、順番といえば、ものすごい先になってしまうということで、一つご理解ください」

　　原告「うーん。正直、納得はしていないですが、これ以上言っても仕方がないのは分かっているので、せっかくこうして時間を作っていただいて、困らせても仕方がないので分かっています」

　　E常務「すみません。本当に。Aさんそれでね、申込書とか会社の抄本とか、個人の分ね、会社の方に送らせていただきます」

　　原告「よろしくお願いします」

　　ウ　被告は、令和4年2月25日頃、本件書類一式を原告に返送した。

　　エ　原告は、代理人弁護士を通じて、被告に対し、令和4年3月22日付けの内容証明郵便による通知書により、原告の入会を拒否したことについて正式な謝罪を求めるとともに、上記入会拒否により精神的苦痛を被ったとして、慰謝料300万円を請求した。

　　オ　被告は、令和4年4月12日頃、新聞社から、原告が入会を断られた件について記事にすることを考えているとの電話取材を受けた。

　　カ　被告は、原告に対し、代理人弁護士を通じて、令和4年4月27日付け回答書をもって、前記エの通知書に関して、同月24日に開催した理事会において原告の入会を不許可とする決定に至ったこと、本件入会拒否は国籍によるいわれなき差別には当たらない旨を回答した。

　(2)　被告の概要

　　ア　被告は、「ゴルフを通じて会員の体位及び品格の向上を図り併せて内

外人間の友誼と国際親善の増進を図る」ことを目的とする会員制（預託金制）のゴルフクラブである。

　イ　被告の会員となるためには正会員2名の紹介を得て入会の申込みをした上で理事会の承認を得る必要がある。

　ウ　被告の現在の会員数は約1500名である。

　エ　被告の役員は正会員の中から選任され、30名以内の理事と3名以内の監事で構成され、役員は全て名誉職とされている。

　オ　本件ゴルフ場においては、平成24年には第67回国民体育大会のゴルフ競技（女子）が開催された。その他にも、中部地方の選手権競技を中心に、複数の選手権競技が開催されている。

2　争点(1)（本件入会拒否の違法性）について

　原告は、本件入会拒否は憲法14条1項及び国際人権規約B規約26条の趣旨に反し、公序良俗に反する違法なものである旨主張するので、以下検討する。

　(1)　憲法上の基本権保障規定の定める個人の自由や平等は、国や公共団体の統治行動に関する関係においては侵されることのない権利として保障されるべき性質のものであるが、憲法14条1項の規定は、私人相互の関係を直接規律するものではない。国際人権規約B規約26条も同様に私人間の関係を直接規律するものではない。そして、私人間の関係においては、各人の有する自由と平等の権利自体が具体的場合に相互に矛盾、対立する可能性があり、このような場合におけるその対立の調整は、原則として私的自治に委ねられ、ただ、一方の他方に対する侵害の態様、程度が社会的に許容し得る限度を超える場合にのみ、法がこれに介入しその調整を図ることが許されるというべきである。

　したがって、団体を結成する者及び結成された団体は、どのような目的の下にどのような構成員によって団体を結成し、あるいはどのような者について新たな構成員として団体への加入を認め、さらには、どのような条件でその加入を認めるかについては、法律その他による特別の制限がない限り、原則として自由にこれを決定することができ、特定の団体が、その団体に構成員として加入することを希望する者について、その者の現在又は過去の国籍によって、構成員となることを制限したとしても、そのことが直ちに公の秩

序に反するものではなく、その行為を直ちに民法上の不法行為に当たる違法な行為であると評価することはできない。そして、私人である団体は、結社の自由が保障されており、それにもかかわらず、新たな構成員の加入を拒否する行為を民法709条の不法行為に当たるとすることは、国家が、その権力によって私人間の関係に介入し、個別的な救済を行うことになるのであるから、このようなことが許される場合は、結社の自由を制限してまでも相手方の平等の権利を保護しなければならないほどに、相手方の平等の権利に対して重大な侵害がされ、その侵害の態様、程度が憲法の規定の趣旨に照らして社会的に許容し得る限界を超えるといえるような例外的な場合に限られるものと解するのが相当である。

　以下、本件について検討する。

　(2)　被告は、本件入会拒否は、専ら原告が元外国籍であることを理由とするものではなく、令和4年2月に被告の従業員やE常務が原告に電話連絡した後の一連の事情を総合的に考慮して決定したものである旨主張する。

　しかしながら、令和4年2月23日にE常務が原告に対して本件申合せにより元外国籍である原告が直ちに入会することはできないことを説明し、本件入会申込みが認められないことについて「一つご理解ください」と発言した上、同月25日頃には本件書類一式を原告に返送していることが認められる。これらの事情によれば、正式な理事会での決定は出されていないとしても、本件書類一式を返送した時点で原告の入会を不許可とすることが確定的に決定されていたといえる。そうすると、本件入会拒否は専ら原告が元外国籍であることを理由とするものというべきである。

　(3)　次に、本件入会拒否は専ら原告が元外国籍であることを理由とするものであることを前提として、本件入会拒否が社会的に許容し得る限界を超えるものであるか否かを検討する。

　被告の会員数は約1500名に及び、本件ゴルフ場では全国規模の大会も開催されていることが認められるものの、被告においては、会員となるためには正会員2名の紹介を得て入会の申込みをした上で理事会の承認を得る必要があり、被告の役員は基本的には無報酬の名誉職であることからすれば、被告は会員同士の人的つながりが強く、会員による自主的な運営が行われている閉鎖的かつ私的な団体ということができる。一方、会員となれない場合でも、会員の同伴又は紹介があればプレーできるのであり、また、原告は、他

のゴルフ場の会員でもあり、本件ゴルフ場でプレーしなければならない特別な理由もない。さらに、ゴルフは一般的なスポーツであり、人間の幸福追求や人格形成に資する面があることは否定できないものの、社会生活を営むに当たって必要不可欠なものとはいえない。

本件申合せの目的は、被告の設立当初の雰囲気を維持することにあると解されるところ、日本で生まれ育ち、日本で長年社会生活を営んでいる上、日本国籍も取得している原告との関係では、原告が元外国籍であることを理由としてその入会を制限することに合理的な理由があるかには疑念もある。しかしながら、上記の閉鎖的で私的な団体であるという被告の性質、会員として入会を認めるか否かの決定は最終的には理事会の裁量に委ねられていること、本件入会拒否によって原告が被る不利益の程度等を総合的に考慮すると、原告の平等の権利への侵害の態様、程度が憲法の規定の趣旨に照らして社会的に許容し得る限界を超えるものとまでは認められない。したがって、本件入会拒否が違法なものとは認められない。

また、本件においては、原告は、本件入会申込みの際に本件申合せの存在を知らされておらず、本件入会拒否は、被告に入会できるであろうとの原告の期待を裏切るものであったが、そもそも、被告への入会には会員の紹介によって申込みをしただけでは足りず、理事会の承認が必要なのであり、外国籍（元外国籍）であるか否かにかかわらず、入会が認められるか否かは理事会の裁量に委ねられているのであるから、本件申合せの存在を申込みの時点で知らされていなかったことは上記の結論を左右しない。

3　結論

以上によれば、本件入会拒否の違法性は認められないから、その余の争点について判断するまでもなく、原告の請求には理由がない。よって、原告の請求を棄却することとし、主文のとおり判決する。

・2-③　損害賠償請求事件（徳島地方裁判所　令和3年6月23日判決）
主文
1　原告の請求をいずれも棄却する。
2　訴訟費用は原告の負担とする。

事実及び理由

第1 請求

被告らは、原告に対し、連帯して、400万円を支払え。

第2 事案の概要

1 事案の要旨

本件は、平成26年11月16日に開催された「第11回徳島県高等学校少林寺拳法新人大会」(以下「本件大会」という。)に当時高校2年生であった原告の参加が認められなかったことにつき、原告が、主催者が定めた本件大会の参加資格の内容及びそれに基づく原告に対する一連の取扱いは、原告の信教の自由やスポーツ権を侵害し違法であると主張して、被告徳島県に対しては国家賠償法1条1項及び民法719条1項に基づき、被告公益財団法人全国高等学校体育連盟(以下「被告高体連」)に対しては民法709条、715条1項及び719条1項に基づき、慰謝料400万円を連帯して支払うよう求める事案である。

2 前提事実

(1) 当事者

ア 原告は、平成26年11月16日当時、徳島県立城北高等学校(以下「城北高校」)の2年生であった。

イ 被告徳島県は、徳島県教育委員会(以下「県教委」)を設置する普通地方公共団体である。

ウ 被告高体連は、高等学校の生徒の健全な発達を促すために、体育・スポーツ活動の普及と発展を図ることを目的として、高等学校に係る体育・スポーツ大会の開催の事業を行う法人である。

エ 被告ら補助参加人(以下「補助参加人」)は、少林寺拳法の統括団体として、少林寺拳法創始者Fが創始した少林寺拳法の普及、振興を図り、もって国民の健全な心身の発達及び公益の増進に寄与することを目的として、少林寺拳法の普及及び指導、指導者の養成、少林寺拳法の昇格考試の実施、少林寺拳法に関する各種大会、講習会、研修会及び研究会の開催並びに指導員の派遣、個人又は団体会員の承認の事業を行っている法人である。

オ 金剛禅総本山少林寺(以下「本件宗教法人」)は、達磨大師を本尊として禅門の教義を広め、儀式、行事を行い、少林寺拳法を行功して門信徒を教

化育成する業務を行うことを目的とする宗教法人である。本件宗教法人は、かかる目的を遂行するために、各地に宗教活動の実施機関としての道院を設置し、行としての少林寺拳法の指導や法話（同宗教法人の教義を説くこと）などの活動に取り組んでいる。
(2) 本件大会の概要
　本件大会の概要は、以下のとおりである。
　名　　称　第11回徳島県高等学校少林寺拳法新人大会
　期　　日　平成26年11月16日
　主 催 者　県教委・徳島県高等学校体育連盟少林寺拳法専門部・徳島県高等学校少林寺拳法連盟・徳島県少林寺拳法連盟
　種　　目　団体演武の部・自由組演武の部・規定組演武の部・自由単独演武の部・規定単独演武の部
　競技規定　補助参加人競技規則ならびに全国高等学校少林寺拳法選抜大会規則に基づき行う。
　参加資格　ア）全国高等学校少林寺拳法連盟に加盟している高等学校、定時制、通信制、高等専門学校の2年生までの少林寺拳法部の生徒であり、次のすべての条件を満たす者。
・補助参加人団体登録更新を完了した少林寺拳法部に所属し、個人会員登録を完了していること。
　イ）補助参加人の個人会員である2年生までの生徒であり、次のすべての条件を満たす者。
・大会開催年度の補助参加人の個人会員登録を完了していること。
・学校に高校連盟加盟の部・同好会がない学校の生徒であること。
・学校長の出場許可のある者。
(3) 補助参加人の会員規程
　補助参加人において、会員規程に基づき個人会員登録が許可されるためには、クラブ活動（職域、学校、スポーツ少年団）などを始めて補助参加人の普通団体会員たる支部に所属するか、本件宗教法人の実施機関たる道院に所属して、少林寺拳法の修練を行うことが必要とされていた。
(4) 原告と少林寺拳法との関係
　ア　原告は、平成16年4月、本件宗教法人の実施機関であって原告の父が運営する徳島八万道院に所属して本件宗教法人に入門し、補助参加人に個人

会員として入会した。また、補助参加人の普通団体会員としての支部である徳島八万支部に所属し、少林寺拳法の修練を行っていた。

イ　本件宗教法人は、平成25年6月10日、徳島八万道院を休止処分とし、補助参加人は、同月11日、原告の個人会員資格について休会とする取扱いをした。

また、原告は、平成26年度における補助参加人の個人会員登録の更新手続を、その期限である同年3月31日までに行わなかった。

(5)　原告の本件大会への申込み

原告は、平成26年10月頃、城北高校を通じて、本件大会事務局に対し、本件大会への参加申込みを行ったところ、同事務局は、城北高校の校長宛てに、原告については2014年補助参加人の個人会員の更新手続ができておらず、本件大会の参加資格を充たしていない旨回答し、原告の参加を認めなかった。

3　争点

(1)　本件大会の参加資格の定めの違法性（争点〔1〕）

(2)　被告らが、原告に対し他の参加方法を教示しなかったことの違法性（争点〔2〕）

(3)　被告高体連の責任原因（争点〔3〕）

第3　当裁判所の判断

1　認定事実

(1)　原告の父は、本件宗教法人から、宗教活動の実施機関として徳島八万道院の運営許可を受け、平成12年2月頃から、その道院長の地位にあった。また、徳島八万道院は、補助参加人の徳島八万支部を併設しており、原告の父は、補助参加人の支部長を兼務していた。

(2)　原告は、小学校入学の頃、徳島八万道院において、原告の父から少林寺拳法の指導を受けるようになり、平成16年4月には、原告の父が手続を行うことによって本件宗教法人に入門し、徳島八万道院に所属するとともに、補助参加人にも個人会員として入会した。

原告は、その後も少林寺拳法の修練を行っていたが、中学校に入学した後は、高校受験のためその修練を中断することがあった。原告の父は、その中

断期間中、会費負担を免れるため、原告の補助参加人会員資格について休会手続をとっていたが、原告が城北高校に入学した際には復帰の手続をとっていた。

(3) 原告は、平成25年4月、城北高校に入学した。同校には少林寺拳法部はなく、原告は、部活動として少林寺拳法の修練をすることはなかったが、補助参加人の個人会員の地位にあったため、同年5月頃に開催された高校総体の県予選には出場することができた。

(4) 本件宗教法人と原告の父との間では、平成22年頃以降、拳士から集める信徒香資の取扱いについて争いが生じていた。本件宗教法人は、平成23年11月19日、原告の父に対し、同人の行いが教義に反するとして、徳島八万道院長を解任する処分をした。また、補助参加人も、同月20日、原告の父に対し、徳島県立城南高等学校少林寺拳法部の所属長の委嘱を解除する処分をした。

(5) 徳島八万道院は、原告の父が道院長の資格を剥奪された後も、代務者によって運営されていたが、平成25年6月10日に休止とされ、同年7月17日には廃止とされた。

(6) 本件宗教法人は、平成25年6月11日、徳島八万道院に所属していた原告を休眠とし、補助参加人も、同日、原告の個人会員資格につき、休会とする取扱いをした。

また、補助参加人においては、毎年3月31日までに、各年度の個人会員登録の更新手続を行うべきこととされていた。ところが、原告は、平成26年度における補助参加人の個人会員登録の更新手続を、その期限である同年3月31日までに行わなかった。そのため、原告は、補助参加人の会員規程に従って、同年4月1日以降休会したものとみなされ、個人会員としての権利を有しないこととなった。

(7) 補助参加人においては、会員規程により支部を設けることができることとされていたところ、公益財団法人日本体育協会が設置する少林寺拳法のスポーツ少年団は、補助参加人の支部と取り扱われており、当該スポーツ少年団に所属していれば、補助参加人の個人会員となることが可能であった。もっとも、平成28年1月まで、スポーツ少年団に入会することができるのは、原則、中学生までとする取扱いがされ、高校生から入会することは予定されておらず、県教委においても、高校生からスポーツ少年団に入会できるとは

認識されておらず、他に、原告が所属することができるような補助参加人の支部も存在しなかった。

(8)　原告は、平成26年5月頃、高校総体の県予選に出場することを意図して、城北高校の教師にその申込みを依頼した。ところが、同教師からは、手続ができないようだと告げられた。そこで、原告の父が調査したところ、出場申込みには、補助参加人の会員になることを要し、ウェブ上の手続としては、本件宗教法人に入信しないと会員登録の手続に進むことができないことが判明したが、会員登録（休会からの復帰手続）を行わなかったため、原告は、補助参加人における個人会員登録がないものと取り扱われ、上記予選に出場することができなかった。

(9)　原告の父は、平成26年5月頃、徳島県高等学校体育連盟の理事長と面談し、高校に部活動がない高校生が少林寺拳法の大会に出場するためには、本件宗教法人に入信し、お布施を支払って補助参加人の会員とならなければならず、補助参加人の支部とされているスポーツ少年団も高校生からは入ることができない仕組みとなっているため、原告が本件大会に出場するためには、本件宗教法人に入信するしか方法がないが、入信せずに本件大会に参加できるよう制度を改善すべきことを申し入れた。また、原告の父は、同年6月頃には、県教委体育学校安全課の職員にも同様の申入れをし、その頃、複数回にわたり、本件大会の事務局にも同様の申入れをした。

(10)　原告は、平成26年10月頃、城北高校を通じて、本件大会事務局に対し、本件大会への参加申込みを行ったところ、同事務局は、城北高校の校長宛てに、原告については同年度の補助参加人の個人会員の更新手続ができておらず、本件大会の参加資格を充たしていない旨回答し、原告の参加を認めなかった。

(11)　原告の父は、平成27年頃、道院長の資格を剥奪する処分が違法であるとして、本件宗教法人に対し原告の父が道院長の地位にあることの確認、補助参加人に対し知的財産使用許諾契約上の地位を有することの確認を求めるなどの訴訟を提起したが、平成30年9月25日、本件宗教法人に対する訴えを却下し、補助参加人に対する請求を棄却する旨の判決がされ、控訴審においても、令和元年6月6日、控訴棄却の判決がされた。

2 争点〔1〕(本件大会の参加資格を定めたこと及びその見直しを行わなかったことの違法性) について

(1) 判断枠組み

ア 一般的に、何らかのスポーツの大会を開催するか否か、開催するに当たってその参加資格をいかに定めるかは、原則として主催者の裁量に委ねられているというべきであり、当該大会への参加を希望する者の誰しもが当然に参加すべき権利又は法律上保護された利益を有することにはならない。したがって、主催者が、自ら定めた参加資格を充足しないことを理由として、ある者の当該大会への参加を拒み、又はある者から要望を受けたにもかかわらず当該参加資格の見直しや変更を行わなかったとしても、これをもって直ちに違法性を有するということはできない。

イ もっとも、本件大会は、県教委、徳島県高等学校体育連盟少林寺拳法専門部等が主催する大会である上、全国高等学校少林寺拳法選抜大会の予選としても位置付けられているところ、同大会についても、「大会は、教育活動の一環として高等学校生徒に広くスポーツ実践の機会を与え、技能の向上とスポーツ精神の高揚を図るとともに、少林寺拳法の正しい姿を一般に公開して、高校生として健全な精神と肉体を育成することを目的とする」こととされており、その趣旨は本件大会にも及ぶものと考えられるから、本件大会は、単に少林寺拳法を披露する場であるにとどまらず、高校生の教育活動の一環として行われる公的な性格の強い大会であるといえる。そうであれば、本件大会の主催者が、本件大会への参加資格を定めるに当たっての裁量も、その公的性格に照らし、合目的的見地から一定の制限を受けるものというべきであり、その参加資格の定めが上記裁量を逸脱し、当該大会の趣旨、目的に照らして著しく不合理であって、当該参加資格を充足しないことを理由として当該大会への参加を認めないことが社会通念上許容できない場合には、不法行為ないし国家賠償法上違法であると評価される場合があり得る。

(2) 原告の参加資格の有無

ア 本件大会の参加資格の合理性

本件大会は、県教委、徳島県高等学校体育連盟少林寺拳法専門部が主催し、教育活動の一環として開催された公的な性格の強いものであって、参加を希望する高校生に広く門戸を開くことが望ましいとはいえる。もっとも、競技中の事故を防止して競技者の安全を図ることや、大会として一定の競技水準

を確保すべきといった観点も必要であり、主催者において、一定の資質を備えた指導者の下で継続的に少林寺拳法の修練をしている者についてのみ参加を認めるような資格設定をすることも、当然に許容されているということができる。

そして、本件大会の参加資格としては、〔1〕全国高等学校少林寺拳法連盟に加盟している高等学校2年生までの生徒であり、補助参加人の団体登録更新を完了した少林寺拳法部に所属し、個人会員登録を完了していること又は〔2〕学校に少林寺拳法部ないし同好会がない学校の2年生までの生徒であり、大会開催年度の補助参加人の個人会員登録を完了し、学校長の出場許可のあることが定められ、いずれにしても補助参加人の個人会員登録をすることが要求されているところ、補助参加人が、少林寺拳法の統括団体として、少林寺拳法の普及、振興を図っている法人であって、少林寺拳法の理念及び本法人の定款その他の内部規程に従って活動・運営することを約して本法人に入会手続を行った者に会員資格を付与し、少林寺拳法の修練又は指導を行うことを認めていることに鑑みれば、補助参加人の会員資格を有する者は、一定の資質を備えた指導者の下で継続的に少林寺拳法の修練をしていることを期待し得る者であるといえる。そうであれば、本件大会の主催者が、本件大会への参加資格として、補助参加人の個人会員登録を要求することは、本件大会の趣旨、目的に照らして合理性がある。

イ　補助参加人の会員資格の合理性

補助参加人において個人会員登録が許可されるためには、スポーツ少年団等の補助参加人の支部に所属するか、本件宗教法人の実施機関たる道院に所属して、少林寺拳法の修練を行うことが必要とされ、原告のように、所属する高校に少林寺拳法部ないし同好会がなく、スポーツ少年団を含む支部にも所属することができないと認識されていた者については、結果として、本件宗教法人に入信し、道院に所属しなければ、補助参加人の個人会員となることはできないこととなる。

しかし、補助参加人には、少林寺拳法の統括団体として、その運営に一定の自律性が認められるのであって、補助参加人の会員登録に係る個々の取扱いについても、その裁量的判断が尊重されるべきであるといえる。そして、少林寺拳法が、金剛禅の修行を起源とするものであることに照らせば、本件宗教法人の実施機関たる道院において少林寺拳法の修練を行っている生徒に

ついては、部活動をはじめとする補助参加人の普通団体会員たる支部に所属している生徒と同様に、一定の資質を備えた指導者の下で継続的に少林寺拳法の修練をしていることを期待し得るといえる。そうであれば、道院に所属することを、補助参加人の個人会員となる資格の一類型として考慮することには合理性があるといえる。

　ウ　補助参加人の個人会員資格を本件大会の参加資格に取り入れる合理性
　本件大会の参加資格及び補助参加人の個人会員資格は、それぞれ合理的な内容であるといえる。もっとも、これらの資格の要件を併せ考慮すると、結局のところ、本件大会への門戸は、本件宗教法人に入信している者に対して、これに入信していない者に比してやや広く開かれることとなり、本件宗教法人への入信を望まなかった原告は、その入信をした場合と比較して、本件大会に参加することができないという不利益を受けたものといえる。
　しかし、本件大会の参加資格においては、補助参加人の個人会員であっても、所属する学校に補助参加人の団体会員である少林寺拳法部がある場合にはこれに所属しなければならないこととされており、本件大会への参加資格は、あくまで部活動や同好会に所属している生徒を原則とし、所属する学校に少林寺拳法部や同好会が存在しない場合には、一定の技量を有することが担保されている生徒に対し、例外的に参加資格を拡張する要件が位置付けられている。参加資格を拡張すべき範囲については、本件大会の主催者に、より広範な裁量が与えられているといえる。
　そして、本件大会の参加資格の定め及び補助参加人の個人会員資格の定めは、それ自体がいずれも合理的であること、例外的に参加資格を拡張するとしても、本件大会の主催者において、本件宗教法人に所属している生徒を殊更優遇する意図があったとか、本件大会の参加資格と本件宗教法人への入信の有無を結び付け、大会参加を希望する生徒を宗教に入信するよう誘導しようとする意図があったと評価すべき根拠も何ら見当たらないことを総合すると、補助参加人の個人会員であることを含む本件大会の参加資格の定めが、本件大会主催者の合理的裁量の範囲を逸脱しているとはいえず、参加資格の定めが違法、不当であるということはできないから、その参加資格の定めに基づき原告を本件大会に参加させなかった本件大会の主催者の行為にも、違法、不当な点があったとはいえない。

(3) 本件大会参加資格の見直しの必要性
　本件大会への参加資格の定めは合理性を有しているといえる。そうであれば、本件大会の主催者において、本件大会への参加資格を見直したり、原告に本件大会への参加を認めるべき代替措置を講じるなどの作為義務を負っていたとする根拠もなく、この点についても、原告の主張は採用できない。
(4) 小括
　したがって、本件大会の参加資格の定めに従って原告に本件大会への参加を認めなかった被告らの行為が違法であることを理由とする原告の請求は理由がない。

3　争点〔2〕（原告に対し他の参加方法を教示しなかったことの違法性）について
(1) 参加方法の教示義務について
　原告は、被告らの担当者には、原告に対し、本件宗教法人に入信する以外に本件大会に参加し得る方法があることを教示せず、本件宗教法人に入信しなければ本件大会に参加できない旨の誤った教示をした違法があると主張する。
　そして、補助参加人への個人会員登録の方法としては、補助参加人の普通団体会員たる支部としてのスポーツ少年団に入会する方法があり、また、当時の関係者らの認識と異なり、高校生であってもスポーツ少年団に所属することは可能であったのであるから、その方法によれば、原告は、本件宗教法人に入信しなくとも、本件大会の参加資格を充足する可能性があったと考えられる。
　しかし、補助参加人の個人会員登録の要件設定及びその運用については、補助参加人が自律的に行うべきものであるから、仮に、原告に対してその説明が行われるべきであるとしても、その主体は補助参加人であるというべきであって、被告らが、補助参加人の個人会員資格を取得する具体的方法を把握し、原告に対し、その方法を教示する義務を負うとする根拠はない。
　また、原告は、これらに加えて、被告らには高校における部活動の設立方法について原告に教示すべきであったとも主張するが、本件大会の参加資格を得る方法として少林寺拳法部に所属する方法があるということは、原告が交付を受けた本件大会の参加要項にも記載されている情報である上、原告に

おいて被告らに部活動の設立方法を問い合わせた事実もなく、被告らが部活動設立に関する教示を行うべき義務を負っていたとはいえない。
(2) 信仰の告白や信仰に反する行為の強制について
　原告と被告らとの間における本件大会の参加資格に関する一連のやり取りの中で、城北高校の教師等、被告らの関係者らから原告に対し、本件宗教法人に対する入信する意思の有無について確認されたことがあったとしても、それは、原告を本件大会に参加させることが可能な方策を模索する中での発言にすぎず、原告に対し、信仰の告白を強制するものであるとか、信教の自由に対する不当な干渉がされたと評価することはできず、これをもって違法であるとはいえない。
(3) 原告のその余の主張について
　原告は、他にも、信教の自由を侵害されたなどと被告らの行為の違法性について、縷々(るる)主張するが、いずれも原告の権利ないし法的利益を侵害するものとはいえず、採用することができない。

4　結論
　以上の次第で、その余の点につき判断するまでもなく、原告の請求は、いずれも理由がないから棄却することとして、主文のとおり判決する。

・2-④　損害賠償請求事件(大阪地方裁判所　平成29年6月13日判決)
主文
1　Y1及びY2は、連帯して、X1に対し、77万円を支払え。
2　Y1及びY2は、連帯して、X2に対し、44万円を支払え。
3　原告らのその余の請求をいずれも棄却する。
4　訴訟費用は、甲・乙事件を通じて15分し、その8をX1の、その4をX2の、その余をY1及びY2の各負担とする。

事実及び理由
第1　請求
1　甲事件
　Yらは、連帯して、X1に対し、550万円を支払え。

2 乙事件

Y1 及び Y2 は、連帯して、X2 に対し、165 万円を支払え。

第2 事案の概要

1 甲事件は、Y1 が設置・運営する私立 A 高等学校（以下「A 高校」）の生徒であり空手道部（以下「本件空手道部」）に所属していた X1 が、A 高校の教諭であり空手道部の顧問（監督）であった Y2 から、〔1〕合理的理由のない団体戦への不起用、〔2〕OG らによる深夜の酒席での威圧的指導、〔3〕不合理な合同練習への参加禁止、〔4〕インターハイ予選及び本選での差別的扱い、〔5〕退部届の強要、〔6〕大学推薦の不当拒否などのいわゆるパワー・ハラスメント（以下「パワハラ」）を受けたことにより、多大な精神的苦痛を被ったこと、また、A 高校校長の Y3 が、Y2 に対する適切な監督義務を履行せずに上記パワハラを放置し、Y2 の報告を鵜呑みにして自ら調査せずに大学推薦を不当に拒否したことにより、上記精神的苦痛を助長したことが、それぞれ不法行為又は在学契約上の安全配慮義務違反に当たると主張して、Y2 及び Y3 に対しては共同不法行為（民法 709 条、719 条 1 項前段）による損害賠償請求権に基づき、Y2 及び Y3 を雇用する Y1 に対しては使用者責任又は安全配慮義務違反による損害賠償請求権に基づき、550 万円（慰謝料 500 万円、弁護士費用 50 万円の合計額）の連帯支払を求める事案である。

2 乙事件は、A 高校の生徒であり、本件空手道部に所属していた X2 が、Y2 から、〔1〕X1 の友人であるというだけの理由で不合理な合同練習への参加禁止やインターハイ予選での差別的扱いを受けたほか、〔2〕退寮の強要などのパワハラを受けたことにより、多大な精神的苦痛を被ったと主張して、Y2 に対しては不法行為による損害賠償請求権に基づき、Y1 に対しては使用者責任による損害賠償請求権に基づき、165 万円（慰謝料 150 万円、弁護士費用 15 万円の合計額）の連帯支払を求める事案である。

第3 前提事実

証拠によれば、以下の各事実が認められる（以下、平成 25 年の出来事は年の記載を省略することがある）。

1 当事者
(1) 原告ら

ア X1（平成8年▲月生）及びX2（平成7年▲月生）は、いずれも平成23年4月にA高校に入学し本件空手道部に所属していた女子生徒であり、平成26年2月28日にA高校を卒業した。

イ 原告らは、小学生の頃、▲県内の空手道場で知り合って以来の友人関係にある。

(2) 被告ら

ア Y1は、A高校を設置・運営する学校法人である。

イ Y2は、A高校の体育教師（本件の後、教頭となった）であり、かつ、本件空手道部の顧問（監督）である。

ウ Y3は、A高校の校長である。

(3) Y2の空手道での経歴

ア Y2は、▲大学に入学後、空手道部に所属し空手道を始めた。

イ Y2は、昭和▲年（当時▲歳）から7年間、ナショナルチームに在籍した。

ウ Y2は、昭和▲年、第▲回世界空手道選手権大会（中量級）において、世界タイトルを初めて獲得した。

エ Y2は、昭和▲年（当時▲歳）にA高校の前身であるB高校（以下、B高校の期間も含めてA高校）の体育教師として赴任し、同時に本件空手道部の監督に就任した。

オ Y2は、昭和▲年（当時▲歳）、空手道の現役を引退した。

カ 本件空手道部は、平成▲年（監督就任から▲年目）にインターハイ団体組手で初めて全国制覇を果たした。

キ Y2は、平成▲年から、空手道のナショナルチームのコーチを兼任した。

ク 本件空手道部は、平成▲年春の高校選抜大会及び同年▲月のインターハイにおいて、いずれも全種目で全国制覇を果たした。

ケ Y2は、平成▲年、全日本空手道連盟の理事に就任した。

(4) 本件空手道部の実績

ア 本件空手道部は、全国高校体育連盟空手道部を組織する▲県高等学校体育連盟空手道部に加盟している。

イ　本件空手道部は、全国大会に度々出場し、全国優勝の実績を修めている。
(5)　本件空手道部の指導体制
ア　本件空手道部には、監督であるY2のほか、コーチが1名いる。コーチは、基本的には本件空手道部の卒業生（以下「OG」）が担当し、Y2が校務のため指導ができないときは、Y2が決めた練習メニューをコーチのもとで行う。原告らの在学中のコーチは、1年次がC、2年次がD、3年次がEであった。
イ　本件空手道部には、父母会とOGの集まりがある。
父母会は、現在及び過去の本件空手道部の父母によって組織され、試合の応援、合宿の協力、保護者の親睦を行っている。
OGは、試合の応援のほか、日頃の練習にも顔を出し、選手と一緒に練習、指導を行っている。
ウ　部員の状態や練習状況を把握し、次の指導に生かすために、部員に「空手道部日誌」を作成させている。日誌には、その日の練習への出席者、練習内容、反省点が記載される。
(6)　本件空手道部の寮
本件空手道部の部員で、自宅からの通学が困難な者は、原則として寮に入る。平成19年4月〜平成26年3月は、Y2の所有するマンションを、本件空手道部の寮として使用していた。

2　事実経過

(1)　原告らのA高校入学前
〔1〕X1は、中学時代、▲県内の多くの大会で優勝し、全国大会で優勝することもあった。
〔2〕X2は、中学時代、X1とともに出場した試合の多くで、X1に次ぐ準優勝となり、▲県代表として全国大会に出場した。
〔3〕原告らは、中学3年（平成22年）の2学期、A高校に進学して本件空手道部に入部することを希望し、両親らとともに、Y2と面談した。
〔4〕原告らは、Y2の推薦により、A高校に特待生として合格した。
(2)　原告らの高校1年次（平成23年4月〜平成24年3月）
〔5〕原告らは、平成23年4月、A高校に特待生として入学し、本件空手道

部に入部するとともに、本件寮での生活を開始した。

〔6〕X1は、平成23年11月頃の▲地方大会の個人組手に出場した。

〔7〕X1は、冬休み中、髪の毛を茶色に染め、冬休み明けには黒色に戻したことがあり、Y2から注意を受けた。

〔8〕X1は、平成24年1月5日及び6日に開催された▲杯全国高校練成の団体組手で優勝し、個人組手では2位になった。

〔9〕X1は、平成24年1月21日及び22日に開催された▲地方高校大会の個人組手で3位となった。

〔10〕X1は、平成24年3月26日～28日、全国高校選抜大会の団体組手で2位、個人組手でベスト16となった。

〔11〕X1は、高校1年の終わりに、本件寮を退寮した。

(3) 原告らの高校2年次（平成24年4月～平成25年3月）

〔12〕X1は、平成24年度全日本高校代表候補選手に選出された。

〔13〕X1は、インターハイ予選の団体組手に出場した。

X1は、1回戦は先鋒として出場し、2、3回戦には出場しなかった。

X1は、4回戦（準決勝）には大将（大将は2勝2敗の状況で試合に臨み、大将が勝利することで結果が決まる）として出場したが敗れ、本件空手道部は準決勝で敗退し、インターハイ出場を逃した。

<u>X1は、敗戦後のミーティングの際、監督であるY2を信用していなかったことが敗因であるとの発言をし、Y2の怒りを買う</u>という出来事があった。

X1は、同日の試合以降、団体戦に出場することはなかった。

〔14〕X1は、平成24年8月19日、▲高等学校総合体育大会の試合には出場せず、<u>荷物係</u>をした。

試合後、X1は、本件空手道部の<u>同級生であるQとの間でトラブルとなり、Qの胸倉をつかむ</u>という出来事があった。

〔15〕X1は、平成24年8月下旬、Y2から、<u>バイクの後部座席にまたがっている写真をフェイスブックに載せたことについて、Y2から注意を受けた。</u>

〔16〕X1は、平成24年12月28日、Y2から髪の毛が長いと注意を受けたことに関し、Y2に対し、<u>許される髪型の基準は何かと尋ねた。Y2は、X1の態度を反抗と捉え、練習場から出て行くように命じた。</u>

〔17〕Y2は、平成24年12月28日夜、Y2の自宅で、本件空手道部OGの5名と忘年会をしていた。

その際、前記〔16〕のやり取りを聞いた OG の F が、その際の X1 の態度には問題があり、X1 を呼んで指導する必要があると提案し、他の OG が X1 を呼び出した。

OGらは、呼び出しに応じて Y2 宅を訪れた X1 に対し、立たせたままで口々に指導し、その際、F は、X1 に対し、「万が一坊主にしろと言われたとしても、髪の毛くらい切れる」と述べた。

〔18〕X1 の父は、平成 25 年 1 月 3 日、Y2 のもとに赴き、前記〔16〕の出来事について謝罪した。

〔19〕X1 は、平成 25 年 1 月 19 日及び 20 日に開催された近畿高校大会の個人組手で 3 位となった。

(4) 原告らの高校 3 年次（平成 25 年 4 月〜平成 26 年 3 月）

〔20〕Y2 は、X2 を含む本件寮生に対し、G 大学の寮（以下「大学寮」）に移るかの意向を確認したが、大学寮に移りたいという者はいなかった。

〔21〕Y2 は、平成 25 年 5 月 7 日、進路指導のために X1 を呼び、X1 から、H 大学へ進学したい旨を聞いた。

Y2 は、X1 に対し、H 大学空手道部は強い大学なので、X1 の戦績では難しい旨伝えた。

〔22〕X1 の母は、平成 25 年 5 月 20 日及び 27 日、H 大学の進学に関し、H 大学空手道部の I 監督と面談をした。

〔23〕X1 は、平成 25 年 6 月 9 日、他のインターハイ予選出場部員らとの試合形式でのポイント取りの練習中、やる気がない態度がみられ、Y2 から注意を受けたが改まらず、結果としても全敗した。

それに続く自由練習の時間にも、X1 は、X2 と話をし、練習に来ていた OG らにアドバイスを求める行動に出なかったため、Y2 は、原告らを呼んで注意したものの、直ちにその態度を改めようとしなかったため、原告らに対し、練習場から出ていくように大きな声で告げた。原告らは、その場にいた E コーチから促され練習場から退出した。

Y2 は、原告ら以外の 3 年生部員らに、原告らの今後の処遇について話合いをさせたところ、1 人を除き、最後の試合に集中したい、これ以上雰囲気を乱されたくないと述べたことから、Y2 は、インターハイ予選終了までの間、原告らの練習参加を禁止することとした。

〔24〕原告らは、平成 25 年 6 月 10 日朝、Y2 に対し、前記〔23〕の出来事

について謝罪したが、Y2は、原告らの謝罪を受け入れず、インターハイ予選が終了するまでの間の全体練習への参加を禁じる旨を告げた。

〔25〕X1は、平成25年6月15日、▲アリーナで行われた▲県高校選手権（インターハイ予選）の個人組手に出場した。

X1は、準決勝戦で本件空手道部同級生のJと対戦して勝利し、決勝戦で同じく同級生のKとの対戦に敗れて準優勝となり、インターハイ組手個人戦への出場権を獲得した。

〔26〕原告らは、平成25年6月16日、団体戦メンバーに選抜されていなかったが、▲アリーナにおいて、団体戦の応援をした。A高校空手道部は、団体戦では予選を突破することができなかった。

〔27〕X1の母は、同月15日、部員や保護者らがX1を応援せず、Y2がX1を応援した2年生部員を叱り、団体戦の応援を部員としてする必要はないと告げたことが、X1に対する集団でのいじめであると感じ、同月16日の試合終了後、Y2や本件空手道部の部員、OG及び保護者らが集まっている場において、「こいつらカスか」と発言するとともに、Y2、他の部員、OGらがX1を集団でいじめている旨の発言をし、その際、X1も母親の発言に呼応して「カスじゃけえ」と発言した（以下「カス発言」）。

〔28〕X1は、平成25年6月21日、H大学空手道部において実技試験を受けた。

同試験の後、H大学空手道部のI監督は、X1の母に連絡をし、実技試験に合格したので、推薦入試の手続をするように伝えた。

〔29〕X1及びその両親は、平成25年6月23日、Y2と話し合いを行った。その場には、A高校空手道部OGのL、同父母会のMが参加していた。

X1の母は、Y2に対し、カス発言について謝罪した。

Y2は、X1らに対し、インターハイ個人戦の申込期限を2日過ぎているが未だ申込みをしていないことを明かし、X1をインターハイに出場させる条件として、インターハイの試合の日付の退部届の提出と、今後一切空手道部には関与しないという条件を提示した。

X1及びその両親は、4時間以上に及ぶ話し合いの結果、退部届に署名・押印して提出した。

〔30〕X2及びその両親も、平成25年6月23日、Y2と話し合いをした。X2は、同月9日の出来事についての心情を述べるなどした上で、以後イン

ターハイ本選までの間、X1 のサポートをしたいとの希望を Y2 に伝えた。そして、X2 は、平成 25 年 8 月のインターハイ本選まで、X1 のサポートを続けた。

〔31〕X1 は、平成 25 年 7 月、数回にわたって、H 大学空手道部の練習に参加した。

〔32〕X1 は、平成 25 年 7 月 24 日、担任を通じて、Y2 に H 大学のスポーツ推薦入試の願書を渡したが、Y2 は、推薦を拒否した。

〔33〕X1 は、平成 25 年 7 月 25 日、Y3 から、前記〔30〕の願書を返された。

〔34〕X1 の両親は、平成 25 年 7 月 30 日、Y3 と面談し、H 大学から、空手道部の顧問以外の推薦書でも構わないと言われているので推薦書を書いてほしいと依頼した。しかし、Y3 は、空手道部顧問である Y2 が拒否しているので、校長としても推薦できないとしてこの依頼に応じなかった。

また、同日、X1 の両親は、X1 の担任に対しても推薦書の作成を依頼したが、Y3 と同様の理由で断られた。

〔35〕X1 の母は、平成 25 年 7 月 31 日、A 高校の進路指導担当の教師や、Y3 及び X1 の担任に推薦書の作成を依頼したが、前記〔34〕と同様の理由で断られた。

〔36〕X1 は、平成 25 年 8 月 6 日から同月 9 日にかけて▲市で開催された空手道のインターハイ本選の組手個人戦に出場したが、1 回戦で敗退した。

〔37〕X2 は、前記〔36〕のインターハイ本選のあと、▲県の実家に帰省した。X2 の帰省中、▲県高等学校総合体育大会及び夏季合宿があったが、Y2 は、X2 にこれらへの参加を呼びかけなかった。

〔38〕Y2 は、平成 25 年 6 月 9 日の出来事（前記〔23〕）以降、X2 と他の 3 年生部員との関係が良好でないことなどを踏まえ、同年 8 月 30 日、▲県で X2 の父と面談し、大学寮へ移ることを提案したが、X2 の父はこれを拒否した。

〔39〕Y2 は、平成 25 年 9 月頃、X2 と本件空手道部 3 年生（X1 を除く）との話合いの場を設けたが、進展はなかった。

〔40〕X1 は、平成 25 年 9 月 27 日、駅のホームでの様子がおかしいと他の客に保護され、翌 28 日、▲クリニック（心療内科・精神科）を受診し、適応障害と診断された。

〔41〕A 高校運動部の部員は、例年、A 高校体育祭の事前準備に参加する

ところ、平成25年10月に行われた体育祭の事前準備に原告らは参加せず、Y2もX2に声をかけなかった。

〔42〕X1は、平成25年10月25日、担任教師にN大学体育学部の推薦入試（学校推薦型）の願書を渡した。しかし、担任教師は、Y2から、公募推薦入試（学校推薦型）であってもX1を推薦しないと言われたとして、願書を返却した。

なお、その後、X1は、担任教師の尽力により、Y1からN大学国際学部の公募推薦（自己推薦型）の推薦を受けた。

〔43〕Y1は、平成25年10月25日付け書面により、X1が本件空手道部を退部したので特待生ではなくなったとして、X1の両親に対し、授業料等の振込みを求めた。

〔44〕X2は、平成25年10月26日及び27日に開催された空手道の▲県高校新人大会において、本件空手道部の部員として手伝いをした。

〔45〕Y2は、平成25年11月28日、X2の父に対し、大学寮に移ることを再び提案したが、X2の父はこれを拒否した。

〔46〕X2は、平成25年12月25日、▲クリニック（心療内科・精神科）を受診し、適応障害と診断された。

〔47〕X2は、平成25年12月28日の稽古納めに参加する予定であったが、体調が優れないため休みたいとして、Y2に対し、前記〔46〕の診断が書かれた診断書を送付した。

〔48〕Y2は、平成26年1月以降、X2に対し、本件寮生であるX2の状態を確認する必要があるとして、毎朝職員室に来るよう指示をした。

〔49〕しかし、X2は、前記〔48〕の後しばらくして、職員室に行かなくなり、X2の父は、平成26年1月20日、Y2に対し、X2がY2と会うことがつらいと言っている旨伝えた。また、翌21日には、X2の代理人である澤田裕和弁護士からY2に対し、X2が毎朝Y2のもとに行かなくてもいいようにしてほしいと伝えた。

〔50〕さらに、X2は、平成26年1月22日、澤田弁護士を通じて本件寮を退寮する旨をY2に伝えた上、同月25日、本件寮を退寮した。

〔51〕Y1は、平成26年2月4日付け書面により、X1に対し、前記〔43〕で求めた授業料等は特例として請求しない旨通知した。

〔52〕X1は、平成26年4月、N大学国際学部に入学した。

第4　争点
(甲事件関係)
1　Y2のX1に対する不法行為の有無及び内容（争点1）
2　Y3の監督義務違反（争点2）
3　X1の損害額（争点3）

(乙事件関係)
4　Y2のX2に対する不法行為の有無及び内容（争点4）
5　X2の損害額（争点5）

第5　争点についての当事者の主張
　（略）

第6　当裁判所の判断
1　本件の背景事情ないし判断の基礎となる事情
　前提事実、証拠によれば、以下の事実が認められる。
　⑴　A高校空手道部及びY2の地位
　ア　Y2は、昭和▲年に世界空手道選手権で世界制覇するなど、空手道の選手としての実績を残したあと、20年以上空手道のナショナルチームのコーチを務めるほか、平成▲年には全日本空手道連盟の理事に就任している。また、Y2は、本件空手道部においても、昭和▲年から30年以上の長期にわたり顧問（監督）を務め、その間、インターハイを制覇するなどの輝かしい実績を残している。
　イ　Y2は、選手及び監督としての豊富な経験とキャリア、顕著な実績によって、空手道界において大きな影響力を有しており、とりわけ本件空手道部の部員、保護者及びOGらにとっては、Y2はいわば絶対的な存在で、その影響力は絶大であって、Y2から明示的な指示などがなくとも、Y2の意向を忖度し、それに沿った行動をするような関係にあったことが推察される。このことは、「私が100言えば100聞いてもらわないといけない」という旨のY2自身の発言や、本件空手道部で原告らの同級生であったRが、A高校に入学したからには監督であるY2の存在は絶対であり、その指示に従うことが絶対である旨述べていることなどからもうかがうことができる。

(2) X1の性格・態度
　ア　X1は、感情のコントロールが不十分で、気分にムラがあり、それが練習態度や試合態度に現れたり、それによって他の部員と衝突したりすることもあった。
　また、X1は、自身が応援する者から言われすぎると集中力が切れることがあるから、他の部員に対する応援を控えめにすることがあったが、このような応援の態度について、Y2から注意を受けることもあった。
　さらに、本件空手道部においては、Y2が絶対的な地位にあり、他の空手道部員やその父母、同部OGらは、Y2の意に沿う行動をとっているなか、X1は、Y2の指導方針や選手の起用方針に関して疑問を呈したり、不満を表したりすることがあった。
　以上のような態度から、Y2は、X1について、チームよりも個人を重視しがちで、A高校や本件空手道部を大切に思う気持ちが他の部員に比べて弱いと考えていた。
　イ　X1は、Y2が「独特の感性をもっている」と評するとおり、集団には馴染みにくく、指導に手を焼く部員であったと考えられる。X1の発言や行動は、場の空気を読まず、デリカシーを欠く場合があり、これがY2や他の部員らに不快感を与え、場の雰囲気を壊すことがあったとうかがわれる。
　もっとも、X1は、当時まだ高校生で、人格的にも発展途上の未熟な時期にあったこと、本件で問題視されているX1の諸行動も、明らかなルール違反や逸脱行動に及ぶものではなく、むしろX1の「独特の感性」に由来するものであったから、指導の方法次第では、本件のような問題にまで発展することなく推移した可能性もあると考えられる。実際に、X1が中学校を卒業するまで空手道の指導に当たっていたPは、X1が問題ある生徒であるとは認識していなかったことが認められる。
　このように、X1の性格や行動に一定の問題があったとしても、集団での活動に適さないほどの重大な問題を抱えていたと認めることはできない。

2　争点1（Y2のX1に対する不法行為）について
(1) 団体戦への不起用について
　ア　Y2が平成24年6月以降、X1を団体戦に出場させなかったところ、これについて、X1は、〔1〕Y2を信用できないと発言したことに対する報復

であり、〔2〕団体戦の大将戦で敗戦したことに対する懲戒であって、不相当な処置である旨主張する。

　イ　そこで検討するに、部活動の監督、特にスポーツ強豪校の監督においては、チームを勝利させることも重要な獲得目標の一つであって、試合での選手起用を含めた戦略・戦術に関する事項については、広汎な裁量を有するというべきである。その上、団体戦については、チームの士気やムードといったものが勝敗に影響することがあるため、そのような観点でチームに貢献し得るか否かという観点を重視することも相当といえる。

　X1は、5歳より空手道をはじめ、中学時代は▲県内の多くの大会で優勝し、全国大会に出場して優勝したこともあった。また、高校1年で団体戦に選抜され、▲地方大会で3位になるなど、その実力は本件空手道部でも上位に位置し、実力のみでいえば常に団体戦に選ばれることも可能であったといえる。しかし他方で、X1は、その性格や態度においてチームとして戦うという意識や行動において他の部員に劣るところがあったことに加え、平成24年6月のインターハイ予選の準決勝で大将として出場して敗戦し、しかも、その後のミーティングの際に、監督であるY2を信用していなかったことが敗因であるとの発言をしたため、Y2から大きなマイナス評価を受けることとなり、それも一因となって、以後、団体戦の出場機会を得られなかったと認められるところ、以上のような評価・判断がY2の監督としての裁量を逸脱するものであったとは解されない。

　ウ　以上によれば、Y2がX1を団体戦に起用しなかったことが、X1の主張するような報復や懲戒であったとは認め難く、裁量を逸脱した不相当な扱いであったとはいえないから、不法行為に当たるものではない。

　(2)　OGらによる不適切な指導について

　ア　平成24年12月28日のX1の頭髪に関する発言は、Y2による髪型についての指導内容に対する質問という形式をとっているものの、他面で、他の部員の髪型の違反を問題にせず、X1の髪型だけを問題にするY2の指導に対する抗議ないし苦情であったと理解されるから、その点を捉えてY2がX1の態度を叱責し、練習場から退出させた行為は、指導上の規律と秩序を維持するための行為として一定の合理性を有しており、著しく不合理な処置とまではいえない。そして、この事実を知ったOGらがX1に対して一定の指導を行う必要があると考え、これを実行したことが相当性を欠くもので

あったとまでは解されない。
　イ　もっとも、その指導法として、夜間、Y2とOGの5人が集まり、飲酒もしている場に、高校生であるX1を呼び出し、OGらが集団で指導・注意を行うことは不適切である上、あたかも丸刈りにすることを強要するかのような発言をした点も相当でなく、総じて指導方法の面で相当性を欠くものであったというべきである。
　そして、Y2は、X1を呼び出そうとしたOGらを止めようとしたというものの、その実行を阻止していないのであるから、OGらの行為の最終的な責任は、本件空手道部の顧問（監督）であるY2に帰するものと解するのが相当である。
　したがって、Y2は、OGらによる上記の不相当な手段・方法での指導を阻止しなかった点について、不法行為責任を負うというべきである。
　(3)　練習参加禁止について
　ア　平成25年6月9日の練習場からの退出について
　Y2は、X1が、同日の試合形式の練習中にやる気がないとみられる態度をとり、続く自由練習の時間にOGらにアドバイスを求めなかったなどとして、練習場からの退出を命じている。
　X1は、翌週に行われたインターハイ予選の個人戦において、準優勝するだけの実力があることに照らすと、Y2が、この練習態度について、部員の士気を下げるもので問題があると理解し、その後の自由練習中の行動や注意に対するX1の反応なども踏まえて、反省を促すために練習場からの退出を命じたことには一定の合理性があり、直ちに不相当なものであったとはいえない。
　イ　平成25年6月10日以降の練習参加禁止について
　しかし、Y2は、上記アのX1の練習態度などに照らし、翌週に迫ったインターハイ予選まで、これ以上雰囲気を乱し、士気を下げる行動をとってほしくないとの考えから、練習への参加を禁じることとし、3年生部員のミーティングでも意見を求めた上、原告らにインターハイ予選終了までの練習参加禁止を命じている。
　部員を練習に参加させるか否かについては、顧問（監督）であるY2に一定の裁量があると考えられるが、団体戦での選手起用のような勝敗や戦術に直接関連する事項とは異なり、部活動への参加という部活動の根幹に関わる

事項については、顧問（監督）の裁量の範囲は狭いと解される。したがって、部員に対する懲戒や指導の目的で練習に参加させないという判断をする場合には、問題行動の内容・程度に応じた必要かつ合理的な範囲内に限ってそれが許されるに止まるものと解するのが相当である。

これを本件についてみると、練習参加禁止の契機となったX1の問題行動は、試合形式の練習中、無気力な戦い方をして全敗したこと、それによってチームの士気を下げたこと、その後も反省の態度が見られなかったことであったといえる。これは高校3年生であったX1にとっては、指導やペナルティの対象となり得る行為であったといえ、反省を促す意味でも一定の不利益を課すことには合理性があったと考えられる。しかし他方で、X1のこの行動は、性格的な欠点に端を発した行動とうかがわれ、他の部員と口論するなどの秩序破壊行為をしたというわけでもないから、問題行動の程度としてはさほど重大なものではなく、翌日以降、X1が反省し、気分を一新して練習に臨むことにより、十分回復可能なものであったとうかがわれる。したがって、反省を促すために当日、練習場から退出させることは相当であったとしても、翌日以降の練習参加を禁止することは、問題行動との均衡を著しく欠く不相当な処分であったと解される。

なお、Y2は、同月9日の練習後、原告らを除く3年生部員らに話合いをさせた結果、その希望を尊重して、原告らの練習参加を禁止したものであるとも主張・供述する。

しかし、同月9日の練習までの間に、X1に対して不満をもち、X1の練習への不参加を強く望む部員がいたとの事情はうかがえない。また、本件では、Y2が原告らを練習場から退出させた状況下で、今後の原告らの練習参加の可否を問うているのであって、3年生部員らにおいては、Y2の意向を忖度し、真意と異なる発言をしがちな状況にあったといえる。さらに、仮に3年生部員らの意見が真意によるものであったとしても、練習参加の可否という部活動の根幹に関わる事項を他の部員らの意見によって決めること自体が相当でないというべきである。

以上によれば、Y2が、同月10日以降、原告らを練習に参加させなかったことは顧問（監督）としての裁量の範囲を逸脱する不相当な行為であったと評価される。

(4) インターハイ予選での差別的扱いについて

Y2がした原告らに対する練習参加禁止の処分は、インターハイ予選の期間も継続されたため、原告らは、試合前のウォーミングアップも本件空手道部員とは別に行わざるを得ない状況にあったこと、原告らが練習参加を禁止されていることは、部員らを通じて応援に来ていた父母らにも伝わっていたとうかがわれる上、Y2は、X1を応援していた2年生部員らをとがめる指導をしたことにより、原告らに対する応援も他の部員と同様には許されないということが、Y2の意向として暗黙のうちに部員及び父兄の間に伝播し、その結果として、A高校の生徒、父母等関係者でX1を応援する者はいないか、ごくわずかであるという状況になっていたことが認められる。

X1の母は、このようなX1に対するA高校関係者の仕打ちを目の当たりにし、X1に対する母親としての感情が高じて、多数の関係者が集まる席上で、カス発言に及んだものとうかがわれる。このカス発言自体は、社会常識に照らして不適切な行為であるといわざるを得ないが、他面からみれば、それまでY2の指導方針に異を唱えたことなど一度もなかったX1の母があえてこのような行動に及んだということは、そうせざるを得ないほどの状況があったからであると推認するのが相当であって、当日のX1を取り巻く環境がそれだけ苛烈なものであったことを推認させる事情といえる。

以上のとおり、X1は、インターハイ予選の当日、A高校関係者から差別的取り扱いを受けたと評価するのが相当であるところ、その根本的な原因は、練習参加禁止を継続し、それを前提とする指導を続けたY2の行為にあったというべきであるから、その行為は著しく相当性を欠くものであって、不法行為に当たると評価すべきである。

(5) 退部届の強要について

Y2は、X1に退部届を提出させているところ、これは、従前のX1の態度に加えて、カス発言があったことを理由に、X1をこれ以上、本件空手道部で預かることはできないと考えたことによると主張・供述する。

しかし、X1の性格や態度に一定の問題と思われる点があったとしても、それらは直ちに退部に結びつくような重大な問題ではなく、実際に、カス発言に至るまではX1を退部させることが検討された形跡はなく、団体戦に起用していなかったものの個人戦には出場させていたのであるから、退部届の提出を求めた最大の原因はカス発言であったと認められる。たしかに、カス

発言それ自体は不適切なものではあるが、他方で、そのような発言に至った要因は、Y2のX1に対する不相当な練習参加禁止及びその継続を原因とするインターハイ予選当日の差別的取り扱いにあるのであって、後者の問題性は軽視できないから、カス発言だけを一方的に取り上げて否定評価をするのは相当でない。X1には従前から問題行動があったことを併せ考慮しても、カス発言を理由に退部を迫ることに客観的合理性があったとは解されない。

加えて、6月23日の話合いで、突然退部の話を持ち出し、退部届を提出しなければインターハイ本選に参加させないと告げた上で、十分な検討の機会を与えずに、当日その場で署名・押印（拇印）させる行為は、その手段・方法としても相当性を欠いており、強要されたと指摘されるのもやむを得ないといえる。

以上のように、Y2は、客観的にはX1及びその父母に退部届の提出を求めるのは相当でない状況であったにもかかわらず、退部届を提出しなければインターハイ個人戦への出場が叶わなくなる旨申し向け、退部届の提出を余儀なくさせたものといえるから、不法行為に当たるというべきである。

(6) インターハイ本選での差別的扱いについて

Y2は、X1に対し、インターハイ本選前において、ゼッケンを間際に交付し、会場までの引率を行わず、試合の際にはコーチを付けなかったほか、Y2がX1から退部届が提出されていることを部員や父母会に説明した結果、X1がA高校としての応援を受けることはなかった。

これについて、Y2は、X1が実質的には既に退部したものとして、部員としての扱いをしなかったと主張・供述するところ、X1の退部が相当であると判断される場合には、そのような扱いもやむを得ないといえるものの、カス発言を主たる理由として退部届の提出を強要したことに客観的合理性はないから、Y2がしたこの一連の扱いも相当性を欠くものとして、不法行為に当たるというべきである。

(7) 大学推薦の不当拒否について

ア　X1は、H大学のスポーツ推薦入試の実技試験に合格するだけの実力があり、校則違反などの非違行為がなかったにもかかわらず、Y2が、H大学のスポーツ推薦入試及びN大学体育学部の公募推薦入試（学校推薦型）の推薦を希望するX1の申し出を拒否した行為は、カス発言に対する報復行為にほかならず、裁量権を逸脱する明らかな違法行為であると主張する。

イ　まず、推薦入試について検討するに、生徒を推薦するかの判断に関しては、推薦で大学に入学した生徒の入学後の行状によっては、高校・大学間の信頼関係が傷つき、翌年度以降の生徒の受入れが中止になるなどして、当該高校の生徒の進路選択に大きな影響を及ぼす可能性もある。なかでも、スポーツ推薦や学校推薦のように、いわば当該学校の代表として少人数の推薦制を利用する場合には、単に成績（学力やスポーツ等）が優秀か否か、校則違反などがあったかだけでなく、大学入学後に部活動を円滑に全うできるかなど、性格、態度、人間性を含めた全人格的要素が評価対象とされるものといえる。このようなスポーツ推薦や学校推薦のもつ性質を考慮すれば、推薦をするか否かに関する学校の裁量は相当に大きいというべきであって、推薦しないことが違法となるのは、推薦の可否を決するに当たって考慮してはならない事情を考慮したとか、不当な目的で推薦を拒否したといった事情がある場合に限られるというべきである。
　この点、X1は、X1のようにスポーツの特待生で高校に入学したような生徒をスポーツ推薦しないことは、その進学の可能性を閉ざすに近いものであり、また、授業料の減免を受けられるか否かなどの経済的な差異も生じることから、推薦の可否に関する高校の裁量は広くないと主張するが、上記説示に照らし採用できない。
ウ　以上の観点を踏まえると、X1は、空手道の実力はあってもチームワークの面で一定の難があると考えられていたのであり、それを裏付ける客観的な事情もあったといえるから、それらを理由に、学校として大学に推薦できないと判断することが裁量の範囲を逸脱するものであったとは評価し得ない。
エ　したがって、Y2がH大学のスポーツ推薦入試及びN大学体育学部の公募推薦入試(学校推薦型)の推薦を拒否したことが相当性を欠くものであったとは解されない。
(8)　大学推薦に関する説明義務違反について
　Y2は、平成25年6月23日の話合いの際、X1及びその両親に対し、大学進学の邪魔はしないと告げたこと、その際、スポーツ推薦及び学校推薦の意思はなかったが、自己推薦など他の方法による進学を妨げないとの趣旨で述べたものであったこと、しかし、Y2がH大学へのスポーツ推薦やN大学体育学部への学校推薦を妨げないとの趣旨に理解（誤解）したX1及びその両

親が、Y2、Y3、担任教師などに何度も推薦依頼を行ったにもかかわらず、これを拒否し続けたこと、その際にも、スポーツ推薦や学校推薦は行う意思がなく、他の方法を選択するようにといった説明をしたことはなかったこと、以上の事実が認められる。

　Y2がX1のスポーツ推薦及び学校推薦を拒否したことに相当な理由があったとしても、Y2は、X1がH大学へのスポーツ推薦を強く希望し、同大学の練習にも参加していることを知りながら、スポーツ推薦の意思がないことを明確に告げず、そのためX1に無意味な期待を抱かせた上、最終的に推薦を拒否して多大な失望感や不審感を抱かせたといえる。そして、Y2がそのような行動に出たのは、カス発言を受けたことに対する報復感情からであったことは、Y2自身が自認するところであって、そのような動機から、進路という重大な選択に係る情報についてあえて正確な情報を提供せず、無意味な期待を抱かせた上、大きな失望感や無力感を抱かせたことは明らかに相当性を欠くものであったといえるから、この点についても違法評価を免れない。

(9)　小括

　以上の諸点を総合すれば、Y2は、X1に対し、インターハイ予選の直前である平成25年6月10日に練習参加を禁止し、その処分を継続した結果、X1を他の部員らと切り離し、インターハイ予選における差別的扱いを現出させ、やむなくされたX1及びその母によるカス発言を主たる理由に退部届の提出を強要し、インターハイ本選に本件空手道部員として参加させなかった上、スポーツ推薦及び学校推薦について説明義務を果たさずに無意味な期待を抱かせるなどした行為は、客観的な合理性・相当性を欠くものであって、部活動の顧問（監督）としての裁量の範囲を逸脱する違法行為に当たると評価せざるを得ないから、この一連の行為が不法行為に当たるというべきである。

3　争点2（Y3の監督義務違反）について

　X1のスポーツ推薦及び学校推薦に同意しないというY2の判断は、裁量の範囲を逸脱する不相当なものであったとはいえないから、Y2の判断が正当なものであることを前提として、X1の推薦を拒否したY3の判断もまた、結果として不相当なものであったとはいえない。

　また、この推薦拒否以外のY2による不法行為については、Y3がそれらの

事実を具体的に認識し得たのが、早くとも平成25年7月下旬頃であったとうかがわれ、それ以後に発生したのはインターハイ本選での差別的扱いとY2による推薦に関する説明義務違反に限られるところ、Y3がX1の主張する調査義務を履行したとしても、Y2による不法行為を回避できたとは認め難いから、Y3に監督義務違反があったとはいえない。
　したがって、Y3に監督義務違反の不法行為があったとするX1の主張は理由がない。

4　争点3（X1の損害）について

　Y2は、X1に対して不法行為に基づく損害賠償責任を負うところ、X1は、インターハイ予選前の重要な時期に練習参加を禁じられて以降、大学入学が決まるまでの間、Y2のほか、本件空手道部の部員、OG及び父母会からも差別的扱いを受けることとなり、高校での空手道部の活動を極めて不本意な形で終えることになったほか、その間、Y2の大学への推薦に関する不適切な対応による精神的疲労が重なって自殺を企図し、適応障害と診断されるに至っており、多大な精神的苦痛を被ったものと推認される。
　以上の事情を踏まえると、X1が受けた精神的苦痛に対する慰謝料は70万円が相当であり、本件における弁護士費用は7万円が相当である。

5　争点4（Y2のX2に対する不法行為）について

（1）練習参加禁止と集団での無視について
　X2については、平成25年6月9日までに特に問題視されるような行動はなく、同日も、X2自身に非難されるような言動があったとは認められない。X2が同月10日以降の練習への参加を禁止されたのは、<u>X2がX1と同郷で仲が良かったということから、X1に対する練習参加禁止の処分の巻き添えとなったにすぎない</u>。このことは<u>Y2も自認している</u>。
　<u>Y2は、X2がX1と仲が良いことから、2人一緒の方がよいと考え、ともに練習参加を禁じた旨供述するが、X2がそのことを希望又は納得したならともかく、本件ではそうではなかったのであるから、この理由でX2についてまで練習参加を禁じることが相当でないことは明らかである。</u>
　したがって、Y2が、X2をX1とともに練習参加禁止とし、インターハイ予選が終了するまでの間、X1とともに差別的扱いを受ける立場に置いたこ

とは、著しく相当性を欠くものとして、不法行為に当たるというべきである。
　(2)　退寮の強要について
　X2 は、Y2 から本件寮を退寮するよう強要された旨主張する。
　Y2 の供述によれば、Y2 は、X2 の両親が X1 の支援をしていることを一つの要因として、X2 に退寮を勧めたものとうかがわれるが、他方で当時、X2 と他の寮生らとの関係が円滑でなく、本件寮に居づらい立場にあったことは事実であること、退寮しなければ何らかの不利益を与えるといった示唆はなかったことに照らすと、Y2 が X2 に対して退寮を勧めた行為が不法行為に当たるとまでは評価できない。

6　争点5（X2 の損害）について

　X2 は、いわば X1 の巻き添えとなって、平成 25 年 6 月 10 日以降の練習参加を禁止されたことを契機として、他の部員らから差別的扱いを受けるようになり、他の部員との間にも溝ができ、本件寮にも居づらい状況となって、本件空手道部を引退した後も部員として関わるはずの行事への参加が難しくなったことなどが認められる。そして、それらによる精神的苦痛により心身に不調を来し、適応障害、うつ状態と診断されるまでに至っている。
　以上の諸事情を踏まえると、X2 の被った精神的苦痛に対する慰謝料は 40 万円が相当であり、弁護士費用は 4 万円とするのが相当である。

7　結論

　以上によれば、原告らの請求についての結論は、以下のとおりとなるから、主文のとおり判決する。
　(1)　X1 の Y2 及び Y1 に対する請求は、77 万円の支払いを求める限度で理由があるから認容し、その余は理由がないから棄却する。
　(2)　X1 の Y3 に対する請求には理由がないから、棄却する。
　(3)　X2 の Y2 及び Y1 に対する請求は、44 万円の支払いを求める限度で理由があるから認容し、その余は理由がないから棄却する。

・2-⑤　肖像権に基づく使用許諾権不存在確認請求控訴事件（知的財産高等裁判所　平成20年2月25日判決）

主文
1　本件控訴を棄却する。
2　控訴費用は控訴人らの負担とする。

事実及び理由
第1　控訴の趣旨
1　原判決を取り消す。
2　各被控訴人は、それぞれ対応する各控訴人との間において、プロ野球ゲームソフト及びプロ野球カードについて、同各控訴人の氏名、肖像を第三者に対し使用許諾する権限を有しないことを確認する。
3　訴訟費用は、第1、2審を通じて被控訴人らの負担とする。

第2　事案の概要
【以下、略称は原判決の例による】
1　控訴人（以下「選手」）らは、いずれも現役のプロ野球選手であり、我が国のプロ野球12球団に所属する日本人選手全員と一部の外国人選手とで構成される労働組合である日本プロ野球選手会（以下「選手会」）に加入しており、同人らは700名以上の選手会会員選手の総意に基づくものとして、本件訴訟を提起している。
　　被控訴人（以下「球団」）らは、いずれも野球競技の興業を目的とする株式会社であり、巨人軍・ヤクルト・ベイスターズ・ドラゴンズ・タイガース及びカープはセントラル野球連盟（以下「セ・リーグ」）を、ファイターズ・ライオンズ・マリーンズ・オリックスは、楽天、ソフトバンクとともに、パシフィック野球連盟（以下「パ・リーグ」）を、それぞれ構成している。なお、楽天とソフトバンクは、平成14年以降に野球界に参入した球団であるとして、本件訴訟の当事者（被告）とされていない。
2　各選手は、プロ野球球団に入団するに際し、各球団と個別に野球選手契約を締結するが、この契約は、セ・リーグ、パ・リーグ及びこれらを構成するプロ野球12球団で締結された日本プロフェッショナル野球協約（以下「野球協約」）第45条及び第46条において統一契約書によるとされてい

ることから、参稼報酬額と特約条項を除き、各選手・球団で同一内容となっている。そして、統一契約書の内容は、選手の氏名及び肖像の使用に関する第16条は、昭和26年の制定以来変更がなく、各選手と各球団との間で毎年更新される野球選手契約においても、その氏名及び肖像の使用に関する部分は、統一契約書16条と同一であって、各年の変更はない。

　ちなみに、統一契約書の第16条の内容は次のとおりである。「第16条（写真と出演）（1項）球団が指示する場合、選手は写真、映画、テレビジョンに撮影されることを承諾する。なお、選手はこのような写真出演等にかんする肖像権、著作権等のすべてが球団に属し、また球団が宣伝目的のためにいかなる方法でそれらを利用しても、異議を申し立てないことを承認する。（2項）なおこれによって球団が金銭の利益を受けるとき、選手は適当な分配金を受けることができる。（3項）さらに選手は球団の承諾なく、公衆の面前に出演し、ラジオ、テレビジョンのプログラムに参加し、写真の撮影を認め、新聞雑誌の記事を書き、これを後援し、また商品の広告に関与しないことを承諾する」

3　ところで、プロ野球ゲームソフト及びプロ野球カード（カルビー株式会社「プロ野球カード」とベースボールマガジン社「BBMベースボールカード」）において、選手の氏名及び肖像が使用されているが、これらの使用を許諾しているのは所属のプロ野球球団であって選手ではないところ、平成12年11月17日付けで選手会が社団法人日本野球機構（以下「野球機構」。プロ野球12球団がその会員となっている）に対し、選手の肖像の権利管理は以後選手会が行う旨の通知をしたことから、選手の肖像の使用に関する権利の帰属について選手と球団との間に争いが生じるようになった。

4　本件訴訟は、プロ野球選手（一審原告）らが、所属の球団（一審被告）らに対し、プロ野球ゲームソフト及びプロ野球カードについて、平成17年12月から平成18年1月にかけて更新された平成18年度の各選手契約に基づき、球団が第三者に対して選手の氏名及び肖像の使用許諾をする権限を有しないことの確認を求めた事案である。

　一審の東京地裁において争点とされたのは、(1)野球選手契約に用いられる統一契約書16条に相当する契約条項（「本件契約条項」）により、選手らの氏名及び肖像の商業的利用権（パブリシティ権）が球団に譲渡され又は独占的に使用許諾されたか、(2)本件契約条項による契約は不合理な附合契

約であり民法90条に違反し無効であるか、(3)本件契約条項は私的独占の禁止及び公正取引の確保に関する法律（以下「独禁法」）2条9項5号に基づく一般指定14項の優越的地位の濫用又は13項の拘束条件付取引に当たる行為であって公序良俗に反するか、であった。

　これにつき原審の東京地裁は、平成18年8月1日、(1)本件契約条項により、選手が球団に氏名及び肖像の使用を独占的に許諾したと解される、(2)本件契約条項は不合理な内容の附合契約とはいえず民法90条に違反しない、(3)本件契約条項は独禁法2条9項5号に基づく一般指定14項、13項にも当たらないから公序良俗に反することはないとして、選手らの請求をいずれも棄却した。そこで、一審原告たる選手らは、これを不服として本件控訴を提起した。

第3　当事者の主張
（略）

第4　当裁判所の判断

1　当裁判所も、選手らの球団に対する本訴請求はいずれも理由がないと判断する。その理由は、以下のとおり付加訂正するほか原判決の記載を引用する。

2　本件における事実関係

　証拠によれば、本件における基礎的事実関係は、以下のとおりであることが認められる。

　(1)　選手らは、本件口頭弁論終結時（平成19年12月18日）現在、いずれも現役のプロ野球選手である。同人らはいずれも、我が国のプロ野球12球団に所属する日本人選手と一部の外国人選手とで構成される労働組合である日本プロ野球選手会（選手会）に加入している。

　(2)　一方、各球団はいずれも野球競技の興業を目的とする株式会社であり、巨人軍・ヤクルト・ベイスターズ・ドラゴンズ・タイガース及びカープはセ・リーグを、ファイターズ・ライオンズ・マリーンズ・オリックスは、楽天、ソフトバンクとともに、パ・リーグを、それぞれ構成している。

　また社団法人日本野球機構（野球機構）は、我が国における野球水準を高

めることを目的として昭和23年3月1日に設立された社団法人であって、球団がその会員となっている。

　そして、セ・リーグ及びその構成6球団とパ・リーグ及びその構成6球団は、昭和26年〔1951年〕6月21日発効の合意により日本プロフェッショナル野球協約（野球協約）を締結しており、同協約1条に基づき、法人格なき社団である日本プロフェッショナル野球組織（NPB）が設立されている。

　(3)　選手は、契約により所属球団に入団し、球団との間で選手契約を締結することになるが、野球協約45条によれば、球団と選手との間に締結される選手契約条項は統一様式契約書（統一契約書）による、とされていることから、参稼報酬額（いわゆる年俸）のごく一部の例外を除き、その契約条項は各選手・各球団・各年度とも同一である（本件訴訟で争点とされている選手の肖像の扱いに関する部分は、全選手・全年度につき同一である）。そして各選手契約は、翌年の参稼報酬額の改定のため、毎年12月から1月にかけて更新されるが、選手の肖像の扱いに関する部分の変更はない。

　(4)　野球協約、統一契約書及び選手古田敦也の平成15年〔2003年〕12月13日付け選手契約書の要部は、次のとおりである。(略)

　(5)　統一契約書様式が定められた昭和26年より以前の、選手の氏名・肖像の商品への使用の状況は、次のとおりである。

　昭和23年頃、原色版印刷社は、「YAKYU いろは KARUTA 新野球かるた」を発売した。これは、「よく打って、(E たちまち人気者」などと書かれた札と、対応する選手のユニフォーム姿やプレー中の肖像画の札とが組み合わされたものであり、(F (金星)、(G (阪神)、(H (巨人) など複数球団にわたる44名の野球選手の氏名及び肖像が使用され、一つの箱に収められて商品として販売されていた。

　昭和24年頃に販売されていた「メンコ」には、(L (阪神)、(H (巨人)、(M (中日) ほかの氏名及び肖像画が付されたものがある。そして、昭和24年頃に発売されたブロマイド写真は、(N (南海) 選手が観客のいない球場においてユニフォームを着用して投球をしている全身像の写真であり、その氏名が付されている。裏面には「無断複写厳禁版権所有日本野球連盟」との記載がされている。また昭和26年に集英社が「おもしろブック」の新年号を発売したところ、その付録として、(L (阪神)、(O (松竹)、(H (巨人) ら複数球団にわたる40名の選手の氏名及び肖像画が使用された「新野球かるた」が付け

られた。

(6) ア　一方、米国における選手契約の実情として、選手の肖像に関する利益について定めた米国メジャーリーグ統一契約書3条(c)（大リーグ契約条項）は、昭和22年〔1947年〕に初めて球団が試合のテレビ放映権を販売するのに伴って設けられた規定であり、同項の内容は現在に至るまで変更されていない。そして、その内容は、次のとおりである。

The Player agrees that his picture may be taken for still photographs, motion pictures or television at such times as the Club may designate and agrees that all rights in such pictures shall belong to the Club and may be used by the Club for publicity purposes in any manner it desires.

The Player further agrees that during the playing season he will not make public appearances, participate in radio or television programs or permit his picture to be taken or write or sponsor newspaper or magazine articles or sponsor commercial products without the written consent of the Club, which shall not be withheld except in the reasonable interests of the Club or professional baseball.

（日本語訳）「選手は、球団が指示する場合、写真、映画もしくはテレビジョンに撮影されることを承諾し、そのような写真に関するすべての権利が球団に属し、球団がそれらをパブリシティの目的のために球団が望むあらゆる方法で使用できることを承諾する。

さらに選手は、シーズン期間中、球団の書面による同意なく、公衆の面前に出演し、ラジオもしくはテレビジョンのプログラムに参加し、写真撮影を認め、新聞もしくは雑誌の記事を書き、これらを後援し、又は商品の宣伝をしないことを承諾する。ただし、球団は、このような同意を合理的な理由なく拒絶してはならない。」

イ　なお、その後における米国メジャーリーグにおける選手の肖像に関する扱いは、大リーグ契約条項は、球団に対して選手の肖像を写真・映画及びテレビに撮影し、それらを宣伝目的のために利用する権利を与えている規定にすぎず、選手は、自己の氏名及び肖像を商業的に利用する権利を球団に譲渡しておらず、球団は選手の許諾なく氏名及び肖像を商業的に利用したり他人にその利用を許諾したりすることはできないとされている（1995年7月26日 米国ニューヨーク郡裁判所判決）。

(7) 昭和26年〔1951年〕に日本において制定された統一様式契約書は、米国における選手契約の実情を参考にして起草されたものであり、統一様式契約書16条にいう「写真と出演」に関する部分も、大リーグ契約条項の英文"publicity purposes"を「宣伝目的」と翻訳したものと推認される。

(8) そして、統一様式契約書が制定された昭和26年以降の、選手の氏名・肖像を使用した商品の販売状況は、次のとおりである。

昭和30年に、スポーツ用品商である株式会社ゼネラルサクライと巨人軍との間で商品販売宣伝用のカードに選手のユニフォーム姿の写真及びサインを使用することが許諾され、頒布された。また昭和36年、巨人軍は、荒庄商店、東京ゆかた株式会社と、巨人軍選手15名の名を使用したゆかたの製造販売に関する契約を締結した。

そして、巨人軍は昭和38年、株式会社東洋エージエンシーとの間で、選手の写真・サインを使用した広告宣伝に関する専属代理店とする契約を締結するとともに、同社との間で支配下選手のブロマイドの製造販売に関する契約を締結し、これを受け、株式会社東洋エージエンシーは、昭和39年松井ボタンとの間で、巨人軍所属の選手の写真、絵柄を使用したメダルを製造販売することについての契約を締結した。

その後、巨人軍は、昭和39年に至り大阪繊維工業株式会社との間で選手の図柄をメリヤス及び布帛製品・シャツ上下・腹巻パジャマに使用することについての契約を、興国化学工業株式会社との間で選手のモデル写真を使用した履物製品（運動靴、長靴）の販売についての契約を、小茂田商店との間で玩具（パズル）に選手のモデル写真を使用することについての契約を、大正製薬株式会社との間で選手を宣伝用・印刷媒体・テレビCMその他にモデルとして使用することについての契約を、それぞれ締結した。

また、昭和47年、巨人軍（甲）とカルビー製菓株式会社（「カルビー株式会社」）（乙）は、巨人軍の選手の肖像を使用した販売促進用カード（カルビープロ野球カード）を小麦粉あられの販売に際して使用することに関しての契約を締結したが、その契約条項の第7条（印刷肖像写真使用上の心得）には、「乙は別紙目録記載の甲の支配下選手が日本プロ野球界において名誉と伝統に輝く読売巨人軍を代表する選手であることを認識し、球団および各選手の名誉と信用を傷つけることがないよう細心の注意を払って本件印刷肖像写真を使用しなければならない」との記載がある。

同じく、昭和47年、巨人軍（甲）と株式会社サクライ（乙）は、運動用具品の宣伝広告物・スポーツ新聞に選手のモデル写真及びサインを使用することについての契約を締結したが、その契約条項第4条には、「乙は本契約に基づく使用に関し、甲及び（T、S）両選手の声価及びイメージを損傷するような行為又は改変を行わないこと」との記載がある。
　昭和52年には、株式会社タカラと巨人軍（甲）は、株式会社タカラ（乙）が製造販売するプロ野球ゲームについて、選手の名称を使用することについての契約を締結した。その契約条項第6条には、「甲は、乙が甲の使用商標を使用するにあたり、甲及び支配下各選手の名誉と信用を傷つけたり、社会的、教育的に悪影響を及ぼすが如き扱いをした場合、ないしは甲に対して著しく信用を損なう発言、行為があったときは、甲は催告を要せず直ちに本契約を解除することができる」との記載がある。
　また、昭和53年にはS選手の800号ホームラン達成を記念して、巨人軍公認のもとに、フランクリン・ミント株式会社から、S選手の氏名、肖像を刻印した記念メダルが発売された。
　そして、S選手の800号ホームラン達成時には、球団はフランクリン・ミント社に対してS選手の肖像、氏名を使用した「Sホームラン通算800号公式記念メダル」の製造販売を許諾していたところ、球団の許可を受けずにS選手の氏名・肖像を使用した記念メダルを発売した業者（株式会社和光）に対し、球団（読売興業株式会社東京読売巨人軍）とS選手が共同してその製造販売の差止めを求める仮処分を東京地方裁判所に申請したことがある。
　さらに、昭和63年8月には、巨人軍は株式会社バップとの間で巨人軍の選手の氏名をファミリーコンピュータによるプロ野球ゲームソフトに使用するについての契約を締結し、巨人軍は昭和63年9月にこの「スーパーリアルベースボール」に氏名を使用するに当たっての使用料を領収した。
　株式会社タカラが、平成6年に製造販売した「プロ野球カードゲーム」の読売ジャイアンツ1994年版には、選手30名の試合中、練習中の写真を使用したカードが箱に収められ、この各選手のカード・付属の野球場盤とさいころを使用してゲームをすることが予定されていたところ、その遊び方説明書には、「ルール説明では、基本ゲームは紅白対抗戦、バッティング競争は同チーム内の選手カードという形式で進めていますが、他球団の選手カードを使用することにより、オールスター戦、公式戦、オープン戦なども展開すること

ができ、よりいっそう楽しむことができます」と記載されている。

なお、株式会社タカラから平成8年〔1996年〕版のオリックスブルーウエーブ・阪神タイガースのプロ野球カードゲームが販売されており、そこにはI選手・U選手のプレー中の写真を使用したカードが在中している。また各球団は、球団ごとに、選手の肖像や氏名の入ったテレホンカード、下敷、アクセサリー、ユニフォーム、ティーシャツ、グローブなどのグッズを販売している。巨人軍においては、選手の申出に応じて、ファンサービス用に、無償で監督、選手の肖像、氏名の入ったカードを作成、配布したことがある。

(9) 選手の肖像の商品への使用に関する選手・選手会と球団・野球機構との間の交渉の経緯は、次のとおりである。

　ア　選手会と野球機構との交渉

　(ア)　平成7年〔1995年〕3月20日、選手会（日本プロ野球選手会）と野球機構選手関係委員との間で、事務局及び選手会事務局を陪席者として開かれた第1回選手関係委員会・日本プロ野球選手会会合において、選手会からの要望のうち、新たな事項として明確かつ厳正な肖像権の取扱いについて議題として採り上げられた。そこにおいて、統一契約書第16条（写真と出演）には、球団が宣伝目的のために選手の「肖像」を利用し、これによって利益を受けるときは、選手は適当な分配金を受けることができると明記されているとした上で、分配金については球団によって取扱いがまちまちであり、用具のアドバイザリー契約についても選手の意向を無視して球団が勝手に行っているケースがあり是正してほしいとの要望がQ選手会事務局長から出され、また選手会のR会長は、肖像権料をもらえることを知らない選手がいたのはショックだった、契約書にある「適当な」という表現は曖昧であり、統一した分配のパーセンテージを決めてほしいと要望した。

　平成7年〔1995年〕5月29日に開かれた、第2回選手関係委員会・日本プロ野球選手会会合において、選手会側から出された肖像権料の分配率について12球団で統一してほしいとの要望に対し、野球機構側は、同年6月7日の実務者会議で歩調を合わせる方向で検討すると回答した。

　平成8年〔1996年〕1月16日に開かれた、第1回選手関係委員会において、平成7年6月7日の野球機構の実務者会議の結果を踏まえ、ゲームソフトにおける肖像権料についての球団と選手個人との分配率についての話合いがされたが、結論は出なかった。その席上、選手会から、野球機構に肖像権

問題を扱う実務者会議がありそこでの取り決め内容を教えてほしいと要望があったのに対し、野球機構委員から、日本ハム球団取締役営業部長を座長とする電波肖像権委員会において肖像権使用料の分配について検討しているところ、球団により配分率にばらつきがあり、本年度からは配分の基準を決め、12球団が足並みをそろえることを検討しているとの回答があった。これに対し選手会A会長からは、歩調を合わせるのはよいが、分配率が問題であるとし、一方、機構側委員からは、ゲームソフトの肖像権料は何もしないで自動的に入ってきたのではなく担当者がメーカーと何度も折衝し、勝ち取ったものだとの説明がされた。A会長はこれに対し、分配率は選手会と話し合って決めてもらいたい旨の意見を述べた。

　平成8年〔1996年〕3月18日に開かれた、第2回選手関係委員会において、ゲームソフト許諾料の分配率について話合いがされ、選手会から選手8・球団2の割合で支払ってほしいとの意見が出された。そこでの話合いでは、機構委員から配分が少ないというのであれば商標権については機構が、肖像権のほうは選手会が直接ソフトメーカーと交渉すればよいとの意見が出たのに対し、選手会側からはソフトのどの部分が商標権に属し、どの部分で肖像権が発生するのかは難しい問題であるし、協約（統一契約書16条・写真と出演）にも「球団を通して行え」となっている、ソフトを買う少年にとっては選手の比重が大きいのではないか、また球団8・選手2の分配率の根拠は何かとの質問・意見が出た。機構委員からは、ゲームソフトの許諾料は機構の知的所有権の対価である、1人1人の選手では成立しないが選手にも権利があるから当然分配はする旨の回答がされた。その際、機構委員からは、ゲームソフトは7、8年前に登場したところ、最近まで選手の実名を使わず、もじり名を使っていたので、野球機構が各メーカーにロイヤリティを支払うよう求めた上で実名使用をするよう指導してきた努力によるものであるとの説明、また肖像権使用料の分配率についても、球団によるばらつきが10％以内に収まるよう検討している旨が説明された。

　平成11年〔1999年〕8月9日に開かれた、第3回選手関係委員会において肖像権料の配分について話し合われ、球団8・選手2の分配率がその後、球団7・選手3になっていたところ、さらに選手側の取り分を10％増やし、球団6・選手4とすることで、12球団で合意したことが野球機構選手委員会委員長から発表され、選手会との間でその通り変更することが合意事項として

確認された。

(イ) その後、平成11年終わりころから、選手会として、選手の肖像権問題に関し、弁護士に委任して調査を始めた。そうしたところ、野球機構が、コナミ株式会社に平成12年4月から平成15年3月までの3年間、プロ野球ゲームに関する選手名及び球団名の使用に関する独占的ライセンスを付与したことがあった。この件に関し、選手会から野球機構に対して抗議がなされ、選手が訴訟を提起することがあった。また、独占的ライセンスは、コナミ株式会社において、他社に対し特段の合理的な理由がない限りサブライセンス（再許諾）をすることが前提となっていたところ、これが円滑になされなかったため、公正取引委員会からコナミ株式会社と野球機構に対し、平成15年4月に警告・注意がされた。

コナミの事件をきっかけとして、高橋由伸ら35名のプロ野球選手は選手会に対し、「肖像等に関する権利に基づく使用許諾に関する委任状」と題する書面を作成して提出した。同委任状には、その選手の氏名・肖像の商品又は役務への使用のうち、複数の選手の肖像が使用される場合（ただし当該複数の選手が全て同一の球団に所属している場合を除く）を肖像の「包括的使用」とし、その許諾については選手会に委任することとし、所属の球団を通して行わない旨が記載されている。

選手会は、平成12年11月17日、包括的使用についての選手の肖像の使用許諾については、選手会が行う旨を野球機構に通知した。その中で、今後野球機構から球団を通して選手に分配される肖像権使用料は、損害賠償金の一部として受領するものであるとし、選手においてもこれら肖像権使用料については損害賠償金の一部として受領しているとの認識であるとしている。

その後、野球機構代理人からの回答として、平成13年1月18日付けで、野球機構は、本件契約条項（統一契約書16条と同じ）に基づき、球団が有する選手の肖像・氏名に関する権利につき委託を受け、株式会社コナミに対し、ゲームソフトにおいてこれを使用することを許諾したものであるとする通知がされた。また、このときの選手会との交渉において、分配金についてそれまでの球団6・選手4の比率について、これを5対5にすることが野球機構側から提案された。なお、この分配率を選手側に有利に変更する提案については、他の条件との関係で選手側が拒否し、実現していない。

(ウ) 選手会は、平成13年3月から、野球ゲーム（ファンタジーベースボー

ル）に関し、これを運営するファンタジー・スポーツジャパン社、スポーツナビゲーション社に選手の肖像権ライセンスを行い、これに関して選手会は、平成13年7月21日の選手会臨時大会において、ライセンス料を10%とする旨を決議した。

　家庭用テレビゲーム機向けの野球ゲームソフトに関しては、株式会社スクウェアが平成14年〔2002年〕に発売した「日米間プロ野球ファイナルリーグ」に、また平成14年にメディアカイト社のパソコンゲームソフト「野球道21」にも選手の肖像に関するライセンスを行った。選手会が得た肖像使用料は、選手会大会の決議に基づき、一部を選手会の活動資金に充てた後、各選手に分配している。使用料徴収・分配に関する事務は、選手会事務局とTWIインタラクティブ・インク社とが共同で行っている。なお、現在の選手会からのライセンス先は、1社のみとなっている。

　野球機構は、平成13年12月27日付けで、株式会社スクウェアに対し、ゲームの制作発表会の開催に関して警告する旨の内容証明郵便を送付した。

　(エ)　平成14年8月26日付けで、古田敦也選手会長〔当時〕のほか当時の各球団選手会会長13名は、コナミ株式会社に対して野球ゲームソフトの販売の差止めを、野球機構及びコナミ株式会社に対し、原告となった選手らの氏名・肖像の使用許諾を第三者に行う権限を有しないことの確認を求める訴訟を東京地方裁判所に提起したが、その後、訴えを取り下げた。

　(オ)　平成15年3月、株式会社フェイスが、各球団の許諾を受けず選手会のみから許諾を受けて、選手会所属プロ野球選手の氏名及び肖像を使用したプロ野球選手トレーディングカード入りラムネ菓子を販売しようと計画したところ、野球機構及び12球団が、これは本件契約条項による選手の負う義務の不履行にあたり、不法行為を構成する可能性が高いとして警告を行ったことがあった。この件に関しては、球団マリーンズにおいても、所属選手との間で、平成15年3月から4月に複数回の話合いの機会がもたれ、マリーンズ所属のY選手らも株式会社フェイスに対する肖像の許諾を撤回した。

　(カ)　また、選手古田敦也は、訴外D選手〔楽天所属〕とともに平成17年〔2005年〕2月から5月に放映されたスカイパーフェクTVのテレビコマーシャルに、「『LOVE BASEBALL』をテーマに、スカイパーフェクTV！と球界を盛り上げます。日本プロ野球選手会は、2005年の改革元年を共に盛り上げるパートナーとして、スカイパーフェクTV！と連携することが決定！」とし

て球団の事前の承認を受けることなく出演した。これについては球団からの要請を受けて、その後、球団を通して広告出演契約を締結することとなった。

㈭　選手会及びその会員であるプロ野球選手らは、平成 18 年 11 月 10 日付け「次年度の統一契約書の締結について」と題する書面において、次年度の選手契約の締結に際しては、本件契約条項 1 項に規定する「宣伝目的」には、球団の宣伝以外の商業的使用目的は含まれないという前提で契約をするもので、選手に独占的な使用許諾権限が存するという考えに基づき契約すること、複数球団にまたがる選手の肖像を使用する場合の管理は選手会を通じて行うこととしているので、これを明確なものとする選手と球団との覚書の締結を申入れるとし、この書面を、各球団選手会会長は各球団代表に送付し、またその写しを野球機構コミッショナー事務局長に送付した。

これに対し、各球団からは、各球団選手会会長に対し、いずれも平成 18 年〔2006 年〕11 月 21 日付けで、原判決により本件契約条項の合理性が認められ、「宣伝目的」についても「商業的な使用目的」を除外する趣旨でないことが確認されており、各球団選手会を通じての使用許諾の前提を明確なものとする覚書を締結しなければならない理由はないとする通知をした。

これに対し、高橋由伸ら選手会所属の選手 753 名は、平成 18 年 10 月から平成 19 年 4 月にかけて、商品に関する部分につき複数球団にまたがる選手を使用する包括使用の場合は選手会を通じて管理するとして、平成 12 年 11 月 17 日に野球機構に通知した本件契約条項には商業的利用は含まれないし、球団からはそのような説明もなく、これが含まれるとの認識のもとに球団と統一契約書を締結しているものでもない、とする内容の当裁判所宛ての陳述書を作成提出した。

㈰　一方、かつて選手会会長をしていた巨人軍 OB の E 元選手は、選手会会長としても肖像権の管理については、統一契約書に基づき球団が管理するものと認識していたとし、また、巨人軍・ベイスターズ OB の P 元選手は、平成 2 年〔1990 年〕頃から選手会の役員を務めていたところ、肖像権は統一契約書により球団がもっており、選手会役員として他の選手に対し平成 2 年頃から、統一契約書をしっかり読み、必ず写しをもらうように指導していたとしている。また、そのころ選手会としても、各球団や野球機構との交渉において、肖像権は球団が統一契約書によりこれをもつことを前提とし、分配率を選手側に有利にしてほしいとの認識であったとしている。

イ　ゲームソフトメーカーへの選手実名使用許諾の経緯
　(ア)　プロ野球を題材にしたゲームは昭和58年頃から発売されていたところ、ゲームソフトメーカーは、昭和63年頃までは実在する球団や選手の氏名をもじって（例えば「F」選手を「シロマティ」と表示するなど）使用した上で、複数球団が登場して対戦するプロ野球ゲームを制作、販売していた。そうしたところ、昭和63年、株式会社バップは、初めて12球団から個別に球団名・選手名の独占的使用許諾を受けて、実際の球団名・選手名を使用した「スーパーリアルベースボール'88」を発売した。その際の氏名の使用に関する株式会社バップとの契約による収入の一部について、巨人軍においては選手に分配された。
　(イ)　その後、野球ゲームは各球団から委任を受けた野球機構が統一的に管理していたところ、もじり名がゲームに使用されることによるプロ野球全体のイメージ低下の懸念から、選手の氏名・肖像の使用許諾を受けるようソフトメーカーに働きかけることとし、株式会社バップは、野球機構との独占的使用許諾契約を解消した上、平成2年から平成7年頃までの間、各ゲームソフトメーカーとの仲介を行った。
　(ウ)　例えば、ナムコ株式会社が平成3年12月に発売したプロ野球ゲーム「ファミスタ92」では、当時ドラゴンズ所属のG選手を「Gx」と、当時近鉄バファローズのJ選手を「おも」と表記していたのに対し、翌平成4年12月発売の「ファミスタ93」では、実名が使用され、それぞれ「G」「J」と表示されている。また、株式会社ジャレコが平成3年11月に発売したゲームソフト「スーパープロフェッショナルベースボール」では、同様に巨人軍所属のH選手を「Hx」と表示していたものを、平成4年8月に発売された「スーパープロフェッショナルベースボール2」においては巨人軍所属のI投手を「I」と実名で表示している。これらは、野球機構が平成4年から、各ゲームソフトメーカーに対し、選手の実名使用の許諾を開始したためである。
　(エ)　ところで、株式会社バップ及び株式会社ピーピーエスは、野球機構と業務委託契約を締結し、ゲームソフト会社と野球機構間の選手氏名・肖像使用許諾契約締結の仲介業務を専属的に行うとともに、肖像の使用料について株式会社バップが各ゲームソフトメーカーから回収し、各球団に対して支払を行っている。
　具体的には、野球機構、バップ、ピーピーエスは、「球団名、球団マーク等

使用許諾に関する業務委託契約書」を締結しているところ、その要旨は次のとおりである。

「社団法人日本野球機構（以下「甲」）は、株式会社バップ（以下「乙」）及び株式会社ピービーエス（以下「丙」）と、甲に加盟するセントラル野球連盟及びパシフィック野球連盟を構成する12球団の球団名、選手名、球団マーク、球団ユニフォーム、ペットマーク、似顔絵、写真、動画等（ただし、似顔絵、写真、動画等のうち、別に著作者が権利を有するものを除く）（以下「本件デザイン」）をゲームメーカー（以下「メーカー」）に使用許諾する業務に関し、次の通り契約を締結する。（略）

(オ)　ゲームソフトメーカーが野球ゲームソフトを制作・販売するに当たっては、野球機構との間で使用許諾契約を締結しているところ、そのひな形である「球団名、球団マーク等使用許諾契約書」と題する使用許諾契約の内容には、野球機構を甲・ゲームソフトメーカーを乙として、次の内容が記載されている。（略）

(カ)　ゲームメーカーから振り込まれる使用許諾料には、選手の氏名・肖像のほか、球団の名称・マーク・ユニフォームに対する使用許諾料も含まれているところ、総使用許諾料からバップらの業務委託料を差し引いた後の球団対選手の分配率は、以下のとおりである。平成8年〔1996年〕第1四半期　球団8・選手2。平成8年〔1996年〕第2四半期－平成11年〔1999年〕第2四半期　球団7・選手3。平成11年〔1999年〕第3四半期－現在　球団6・選手4。これによると、平成11年以降は、業務委託料を差し引いた後の選手分配率が使用許諾料総額に占める割合は32％となる。

平成8年度から平成17年度において、株式会社バップが回収し各球団に支払った選手の氏名及び肖像の使用料のうち1球団当たりの金額は約600万円から約2000万円となっている。

また、過去5年間に株式会社バップが各ゲームメーカーから回収し、各球団に支払った12球団分の選手分配分総額は以下のとおりである。平成14年〔2002年〕度：105,268,596円。平成15年〔2003年〕度：240,452,592円。平成16年〔2004年〕度：160,134,288円。平成17年〔2005年〕度：160,183,260円。平成18年〔2006年〕度：186,231,132円。

(キ)　一方、野球ゲームに関して、平成12年11月に選手会が野球機構に対して、選手肖像の包括的使用については選手会が管理する旨の管理通知を行

うまでは、選手会ないし各選手に対しては選手の肖像権に関するゲームソフトメーカーから野球機構、球団への収入資料の交付の情報提供は行われておらず、選手会による管理通知の後、はじめて選手会に対してプロ野球ゲームに関する管理資料が交付された。

そこにおいて、選手会としては初めて、野球機構から選手会に対する球団6・選手4の割合で分配されているとの説明について、その分配前に野球機構及び管理外注先である株式会社バップ等が10％ずつを差し引いた後に、球団6・選手4の分配がされていた事実を選手会として認識するに至った。

ウ　ゲームソフト肖像権使用料の球団から選手への支払

各球団における取扱いの詳細は、以下のとおりである。

(ア)　球団カープにおいては、平成7年〔1995年〕から、ゲームソフトの肖像権使用料の選手への支払について選手との間で取り決めを行い、選手への支払を行っている。

(イ)　球団ベイスターズにおいては、平成7年〔1995年〕からゲームソフトの肖像権使用料の選手への分配を行っている。

(ウ)　球団ドラゴンズにおいては、平成8年〔1996年〕からゲームソフトについて選手に対する分配金を支払っている。当初、ドラゴンズにおいては、球団選手会との話合いにより、各選手への分配金をまとめて選手会に対して支払っていたが、平成13年〔2001年〕に、当時の選手会長であったO選手との話合いにより、各選手への直接支払うこととなった。

(エ)　平成8年からは、多くの球団において支払明細を選手へ通知の上、選手への分配金の支払がされている。

球団から各選手に交付される明細には、例えば「平成11年1〜4月度肖像権支払明細書」として、「契約先」として「㈱バップ」、「内容」として「ゲームソフト」、「内訳」として「H10.10.1〜H10.12.31」、「金額」として選手に支払われる金額が記載されたものがある（球団ヤクルトの場合）。

エ　野球ゲームソフトの変遷

(ア)　プロ野球を題材にした野球ゲームソフトは、昭和58年12月に任天堂から発売された「ベースボール」がその最初であり、その後各社から販売されているところ、選手の肖像を使用した映像に関しては、ゲーム機の性能面の問題もあり、選手個人の顔や体型を真似て使用したものはなく、ユニフォームに違いはあってもキャラクターとしては人間の体型をゲーム用に著しくデ

フォルメしたものであり、同一であった。

　その後、元近鉄バファローズのJ投手のトルネード投法、元オリックスブルーウエーブのI選手の振り子打法といった特徴的なプレイフォームに関しては、それぞれ平成5年、平成7年頃から、これを映像でも再現したものが登場するようになったが、それでも映像上選手個人の顔の見分けがつくほどのものではなかった。

　平成12年3月に高い情報処理能力を有するプレイステーション2（PS2）が発売されたことから、平成12年9月に株式会社スクウェアから発売された「劇空間プロ野球」においては、選手の顔、体型、バッティングフォームなどのプレイスタイルがかなりの程度、再現されている。

　(ｲ) その後、コナミから平成13年〔2001年〕11月にPS2用ゲームソフトとして「プロ野球JAPAN2001」が発売され、そこにおいても選手の氏名が使用され、顔、体型、プレイフォームが詳細、鮮明に再現されている。その後のコナミからのPS2用のゲームソフトの発売状況は下記のとおりであり、これらにおいても選手の氏名、肖像が使用されていることにつき同様である。（略）

　(ｳ) また、ナムコからは、平成14年〔2002年〕3月に、PS2用ゲームソフト「熱チュー！プロ野球2002」が発売され、そこにおいても選手の実名が使用され、選手の顔、体型、プレイスタイルが写実的・詳細に再現されている。その後のナムコからのPS2用ゲームソフトの発売状況は下記のとおりであり、これらにおいても選手の氏名、肖像が同様に使用されている。（略）

　(ｴ) なお、平成2年〔1990年〕以降、野球機構から許諾を受けたゲームソフトメーカー数、販売タイトル数は下記のとおりである。

・平成2年〜平成4年　株式会社アスキー発売のファミコンゲーム「ベストプレープロ野球'90」ほか16社、33タイトル。
・平成5年　株式会社ナムコ発売のスーパーファミコンゲーム「スーパーファミスタ2」ほか10社、16タイトル。
・平成6年　株式会社ナムコ発売のスーパーファミコンゲーム「スーパーファミスタ3」ほか8社、12タイトル。
・平成7年　株式会社インテック発売のPCエンジンロム「ザ・プロ野球super '95」ほか13社、23タイトル。
・平成8年　コナミ株式会社発売のスーパーファミコンゲーム「実況パワフ

ルプロ野球 3」ほか 13 社、21 タイトル。
・平成 9 年　コナミ株式会社発売のスーパーファミコンゲーム「実況パワフルプロ野球 3 '97 春」ほか 8 社、17 タイトル。
・平成 10 年　株式会社スクウェア発売のプレイステーション用ゲーム「スーパーライブスタジアム」ほか 10 社、22 タイトル。
・平成 11 年　株式会社セガ・エンタープライゼズ発売のサターン用ゲーム「サタコレグレイティスト 98」ほか 11 社、22 タイトル。
・平成 12 年　株式会社エポック発売のゲームボーイ用ゲーム「ポケットリーグ」ほか 14 社、22 タイトル。
・平成 13 年　コナミ株式会社発売のプレイステーション用ゲーム「ベースボールシミュレーション ID プロ野球」ほか 7 社、17 タイトル。
・平成 14 年　株式会社エニックス発売のプレイステーション 2 用ゲーム「オレが監督だ！Vol2」ほか 7 社、17 タイトル。
・平成 15 年　株式会社コナミ OSA 発売のプレイステーション用ゲーム「実況パワフルプロ野球プレミアム版」ほか 10 社、24 タイトル。
・平成 16 年　株式会社コナミスタジオ発売のプレイステーション 2 用ゲーム「実況パワフルプロ野球 11」ほか 7 社、16 タイトル。
・平成 17 年　コナミ株式会社発売のプレイステーション 2 用ゲーム「実況パワフルプロ野球 12」ほか 6 社、18 タイトル。

　(オ)　そして、平成 19 年 2 月時点において発売されている主なゲームソフトとしては、いずれも PS2 用ゲームソフトである、コナミの「プロ野球スピリッツ 3」、「実況パワフルプロ野球 13 決定版」、ナムコの「プロ野球　熱スタ 2006」など、複数ある。
　オ　カルビープロ野球カード（本件野球カード 1）
　カルビー株式会社のプロ野球カード（本件野球カード 1）については、株式会社エス・ピー・エヌが各球団とカルビーとの窓口になっており、球団巨人軍の場合、同じ読売グループの報知新聞社から選手のプレー中の写真の提供を受け、株式会社エス・ピー・エヌの担当者が、プリントアウトしたプレー中の写真を球団に持参ないし電子メールに添付して送付し、球団職員がこれを点検する場合もある。そして、カルビー株式会社においては、写真を選別するにあたり、プロ野球チップスの主たる購買層である子供が、プロ野球に対する憧れを抱くことができるようにするため、いわゆる珍プレーについて

はカード化を厳禁するなど、選手の人格を傷つけることがない写真を選別している。
　また、球団巨人軍は、選手の正面写真については、球団の宣伝活動に使用するために宮崎キャンプで撮影される正面写真につき球団の専属カメラマンが宮崎キャンプの際に撮影したものがカルビーに対して提供される。
　カ　ベースボールマガジン社の野球カード（本件野球カード２）
　ベースボールマガジン社において、各球団に使用の了解を得るため写真を交付したところ、球団から、選手の好みを理由として写真を変えてほしいとの要望を受けることがあった。
　⑽　野球ゲーム、野球カードに使用される写真、映像及び本件契約条項についての各球団の対応の経緯は次のとおりである。（略）
　⑾　プロ野球と同じプロスポーツであるプロサッカーについてのリーグ規約であるＪリーグ規約は、本件野球協約が締結された後、約50年を経過した1990年代前半に制定されたが、選手の肖像の使用に関し、下記のとおり定めている。（部分抜粋）
　「Ｊリーグ規約」
　「第３条〔遵守義務〕〔1〕Ｊリーグの会員およびその役職員ならびにＪリーグに所属する選手、監督、コーチ、審判その他の関係者は、Ｊリーグの構成員として、本規約および財団法人日本サッカー協会（以下「協会」）の寄附行為ならびにこれらに付随する諸規程を遵守する義務を負う〔2〕Ｊリーグの会員およびその役職員ならびにＪリーグに所属する選手、監督、コーチ、審判その他の関係者は、第１条のＪリーグの目的達成を妨げる行為および公序良俗に反する行為等を行ってはならない」
　「第88条〔履行義務〕選手は、次の各事項を履行する義務を負う(1)Ｊクラブの指定するすべての試合への出場(2)Ｊクラブの指定するトレーニング、合宿および研修への参加(3)Ｊクラブの指定するミーティング、試合の準備に必要な行事への参加(4)Ｊクラブより支給されたユニフォーム一式およびトレーニングウェアの使用(5)Ｊクラブの指定する医学的検診、予防処置および治療処置への参加(6)Ｊクラブの指定する広報活動、ファンサービス活動および社会貢献活動への参加(7)協会から、各カテゴリーの日本代表選手に選出された場合のトレーニング、合宿および試合への参加(8)協会、Ｊリーグが指定するドーピングテストの受検(9)合宿、遠征に際してのＪクラブの指定する交通機

関および宿泊施設の利用(10)居住場所に関する事前のＪクラブの同意の取得(11)副業に関する事前のＪクラブの同意の取得(12)その他Ｊクラブが必要と認めた事項」

「第97条〔選手の肖像等の使用〕〔1〕選手は、第88条の義務履行に関する選手の肖像、映像、氏名が報道、放送されることおよび当該報道、放送に関する選手の肖像につき何ら権利を有するものでない〔2〕選手は、Ｊクラブから指名を受けた場合、Ｊクラブ、協会およびＪリーグの広告宣伝・広報・プロモーション活動に原則として無償で協力しなければならない〔3〕選手は、次の各号について事前にＪクラブの書面による承諾を得なければならない(1)テレビ・ラジオ番組への出演(2)イベントへの出演(3)新聞・雑誌取材への応諾(4)第三者の広告宣伝等への関与〔4〕前項の出演または関与に際しての対価の分配は、Ｊクラブと選手が協議して定める」

「第136条〔肖像等〕〔1〕Ｊリーグは、Ｊクラブ所属の選手、監督、コーチの肖像、氏名、略歴を包括的に用いる場合に限り、これを無償で使用することができるものとする。ただし、特定の選手の肖像のみを使用する場合には、その都度、事前にＪクラブと協議し、その承認を得るものとする〔2〕Ｊリーグは、前項の権利を第三者に許諾することができる」

(12) 日本オリンピック委員会（JOC）は、昭和54年（1979年）頃から選手や指導者の動画や写真といった肖像権を専属的に一括管理してスポンサーを募るマーケティング活動をしてきたが、選手の権利意識が高まり、法律的に無理があるという判断から、アテネ五輪が開かれる平成16年〔2004年〕を最後にこれを断念し、以後は選手が自らの責任と権限において管理することとなった。

(13) 韓国プロ野球においても、日本と同旨の選手契約が締結されており、その要部は次のとおりである。（略）

選手の肖像の使用に関しても、日本プロ野球の統一契約書16条と同旨の定めがあるが、この定めの解釈に関し、韓国のソウル中央地方裁判所は、平成18年〔2006年〕4月19日、韓国プロ野球選手のパブリシティ権が球団に属することを選手が承諾したと認めることはできない旨の判示をした。

(14) 欧州サッカー連盟（UEFA）と国際プロサッカー選手協会（FIFPro）ヨーロッパ支部間の覚書には、「選手契約につき、UEFAとFIFProヨーロッパ支部は、特に団体協約をもたない協会において、『ヨーロッパ・プロサッカー

選手契約の最低必要条件』に基づく、契約最低条件の実現に合意する」とある。「ヨーロッパ・プロサッカー選手契約の最低必要条件」の要部は次のとおりである。（部分抜粋）

「肖像権：クラブと選手は、選手の肖像権の利用方法につき、合意することを要する。これについて推奨される態様及び原則的な態様として、個々の選手は、（クラブのスポンサーやパートナーと競合しない限り）自己の肖像権を自ら行使することができるものとする。ただし、クラブは、チームの一員として利用する場合、選手の肖像権を利用できるものとする」

3　本件契約条項の解釈について

(1)　本件訴訟の対象は、一審被告である各球団が一審原告である各選手との間で、「プロ野球ゲームソフト及びプロ野球カードについて球団が選手の氏名及び肖像の使用許諾をする権限を有しないこと」の確認を求める訴訟であるところ、その消極的確認訴訟としての適否はともかく、一審原告たる各選手が、各球団に最初に入団し、その後、毎年更新してきた各選手契約のうち平成17年12月から平成18年1月にかけて更新された平成18年度の各選手契約16条（その内容は、各選手・各球団・各年度とも同じであり、かつ統一契約書16条とも同じ）に基づく契約上の義務として、球団が使用許諾権限を有しないことの確認を求めるものと解される。

契約書が作成された場合の具体的契約条項の解釈に当たって最も重視されるべきはその契約文言であり、そのほか、契約条項が作成されるに至った背景事情、契約締結後における契約当事者の行動を総合的に判断して、その文言の正確な意味を判断すべきものである。

また、人は、生命・身体・名誉のほか、承諾なしに自らの氏名や肖像を撮影されたり使用されたりしない人格的利益ないし人格権を固有に有すると解されるが、氏名や肖像は、自己と第三者との契約により、広告宣伝利用を許諾で対価を得る権利（いわゆるパブリシティ権。以下「肖像権」）として処分することも許されると解される。

(2)　以上の見地に立って、本件契約条項の意味について判断する。

ア　各選手・各球団・各年度に共通の本件契約条項は、昭和26年に制定された統一契約書16条と同じく、「第16条1項（写真と出演）球団が指示する場合、選手は写真、映画、テレビジョンに撮影されることを承諾する。なお、

選手はこのような写真出演にかんする肖像権、著作権のすべてが球団に属し、また球団が宣伝目的のためにいかなる方法でそれらを利用しても、異議を申し立てないことを承認する。（2項）なお、これによって球団が金銭の利益を受けるとき、選手は適当な分配金を受けることができる。（3項）さらに選手は球団の承諾なく、公衆の面前に出演し、ラジオ、テレビジョンのプログラムに参加し、写真の撮影を認め、新聞雑誌の記事を書き、これを後援し、また商品の広告に関与しないことを承諾する」。

　イ　統一契約書が初めて作成された昭和26年当時の本件契約条項に相当する規定は、米国メジャーリーグの大リーグ契約条項を参考にして起草されたものであった。なお、当時、我が国においては、「パブリシティ」（選手の氏名及び肖像が有する顧客吸引力の経済的価値を独占的に支配する財産的権利）という概念及びその用語になじみがなく、大リーグ契約条項を参考に本件契約条項に相当する規定を起草するに際し、英語の"publicity purposes"を「宣伝目的」と翻訳したものである。

　そして、統一契約書が制定される以前から、球団ないし日本野球連盟が他社に所属選手の氏名及び肖像を商品に使用すること（商業的使用ないし商品化型使用）を許諾することが行われており、本件契約条項に相当する当初の規定も、かかる実務慣行のあることを前提にして起草されたものである。したがって、統一契約書が制定された昭和26年当時、選手の氏名及び肖像の利用の方法について、専ら宣伝のために用いる方法と、商品に付して顧客吸引に利用する方法とを明確に峻別されていたとは考え難く、「宣伝目的」から選手の氏名及び肖像の商業的使用ないし商品化型使用の目的を除外したとする事情を認めることはできない。

　また、各球団においては、本件契約条項に基づいて各球団が所属選手の氏名及び肖像の使用を第三者に許諾し得るとの理解の下に、長期間にわたり、野球ゲームソフト及び野球カードを始めとする種々の商品につき、所属選手の氏名及び肖像の使用許諾を行ってきたものである。このように、野球ゲームソフト及び野球カードは、長きにわたり選手において自らの氏名及び肖像が使用されることを明示又は黙示に許容してきたのであり、同時に、これらの商品は消費者の定番商品として長らく親しまれ、プロ野球の知名度の向上に役立ってきたものである。

　各球団は、許諾先から受領した使用料の全部又は一部を氏名及び肖像の使

用がされた選手に対して分配してきたが、選手会ないし選手らのうちの一部の者が各球団による氏名及び肖像の管理について異論を唱えるようになるまでは、選手側から明示的な異議はなかったものである。

　このような事情からして、本件契約条項1項に<u>「球団が宣伝目的のためにいかなる方法でそれらを利用しても」とあって利用の態様に限定が付されていない</u>ことにも鑑みると、同項にいう<u>「宣伝目的」</u>は広く球団ないしプロ野球の知名度の向上に資する目的をいい、「宣伝目的のためにいかなる方法でそれらを利用しても」とは、球団が自己ないしプロ野球の知名度の向上に資する目的でする利用行為を意味するものと解される。そして、<u>選手の氏名及び肖像の商業的使用ないし商品化型使用は、球団ないしプロ野球の知名度の向上に役立ち、顧客吸引と同時に広告宣伝としての効果を発揮している側面があるから、選手の氏名及び肖像の商業的使用ないし商品化型使用も、本件契約条項の解釈として「宣伝目的」に含まれる</u>というべきである。

　のみならず、本件契約条項が選手の肖像の利用に関する、球団と所属選手との間に存する唯一の定めであり、統一契約書制定前に販売された玩具の例をみても明らかなように、選手の肖像を広告宣伝に利用する場合でも、販売する商品に商業化目的で利用する場合でも、肖像に当該選手の氏名を付して利用する形態が多く存在することに鑑みると、本件契約条項1項の「肖像権、著作権」のうちには、氏名を利用する権利も含まれると解すべきである。

　ウ　以上によれば、本件契約条項により、<u>商業的使用及び商品化型使用の場合を含め、選手が球団に対し、その氏名及び肖像の使用を、プロ野球選手としての行動に関し（したがって、純然たる私人としての行動は含まれない）、独占的に許諾した</u>ものと解するのが相当である（なお、上記のとおり純然たる私人としての行動についての権利は選手個人に留保されているから、選手から球団にこの権利が譲渡されたとまで解することはできない）。

　(3)　選手（控訴人）らの主張に対する判断

　ア　選手らは、本件訴訟の対象とする平成17年12月から平成18年1月にかけて更新された選手契約について、平成12年以降、様々な形で統一契約書に根拠を有するとする球団の肖像権管理に異議を唱え、またその態度を明示しているにもかかわらず、こうした選手の内心的意思を適切に認定、考慮せずに判断した原判決は誤りであると主張する。

　しかしながら、裁判所は、判決をするにあたり、証拠調べの結果を斟酌し

て、自由な心証により、事実についての主張を真実と認めるべきか否かを判断できるのみならず、〔1〕平成11年当時までの選手会の認識は、ゲームソフトなどの商品に関するものも含め、肖像権に関しては、統一契約書に根拠を置くことを前提とし、肖像権使用料の分配を球団と選手でどのような比率で行うかにあったということができること、〔2〕その前提として、ゲームソフトに関する氏名・肖像の使用許諾の実務が、昭和63年の株式会社バップが各球団から受けた使用許諾後も、もじり名（「もじる」とは風刺や滑稽化のためにもとの文句を言いかえること）を使用していた状況について改善がみられなかったところ、専ら野球機構ないしその委任を受けた株式会社バップ、株式会社ピービーエスらにおいて、ゲームソフトメーカーに指導ないし働きかけをする形で徐々に使用許諾契約を締結し、ゲームソフトメーカーから肖像権使用料の収入が得られるようになったこと、〔3〕選手ないし選手会において、これらゲームソフトに関し、使用許諾契約の締結を求めるよう働きかけたことを認めるに足りる証拠はないこと（かえって、球団巨人軍の元選手であるRは、「ミヤモモ」ともじった名前がゲームソフトで使用されているのは知っていたが、「一種のシャレ」であり球団が適切に対処してくれると思い問題にしなかったとしている）、〔4〕選手らはその後も分配金を受領してきており、損害賠償金の一部としてこれを受領すると表明した後もこの点に何ら変わりはないこと、の事情もあり、これらによれば、選手らの異議についても、それまで選手（ないし選手会）と球団（ないし野球機構）とが前提としてきた<u>本件契約条項の解釈について、これを自己に有利な解釈としたいとの一方的な表明にすぎない</u>ということができ、これにより直ちに本件契約条項の解釈が選手らの主張する内容で締結されたとするのには飛躍があるというほかない。

　イ　選手らは、それぞれの球団との関係で、商品化目的での選手の肖像・氏名の使用は、本件契約条項に含まれない旨を明らかにして選手契約を締結している、また各球団から本件契約条項に基づき肖像権の管理していることの説明を受けたこともなく、共通の認識を欠くとも主張する。

　このうち、本件契約条項に商品化目的での肖像の使用が含まれないとの意思を明示したとする点についても採用することができないほか、選手らが、球団から本件契約条項により選手の肖像権についての管理が本件契約条項によるとの説明を受けていないとする点についても、<u>統一契約書に基づく選手</u>

契約の内容は、野球選手としての活動の根本を定めたものであって、そこに規定された内容について具体的な説明を受けていないとの理由だけで契約の効力ないしそれまで当事者間で前提とされてきた契約解釈を否定するには飛躍があるというべきである。

　ウ　（略）

　エ　加えて選手らは、本件契約条項の「球団が指示する場合」については具体的な指示を要するところ、野球カード、ゲームソフトについての肖像の使用はこれら具体的な指示を欠くから該当しないと主張する。

　しかし、本件契約条項には「球団が指示する場合、選手は写真、映画、テレビジョンに撮影されることを承諾する」とされており、球団の指示は「写真、映画、テレビジョン撮影」に必要とされるものである。そして、野球選手は野球の試合を行うことを活動の本旨としており（統一契約書4条）、そのテレビジョン撮影がされるのは当然の前提となっているところ、そこで撮影された映像は当然に「球団が指示する場合」に含まれるというべきである。また写真についても、球団の指示により撮影されているものと認められるから、選手らの主張は採用することができない。

　オ　選手らは、米国の大リーグ契約条項においては「宣伝目的」について「商品化目的」は含まないとする解釈が確立していると主張し、米国大リーグの選手会の商務・ライセンス部門の責任者の陳述書を提出する。

　しかし、大リーグ契約条項には「そのような写真に関するすべての権利」と記載され、本件契約条項と条文の規定が異なっており、しかも本件契約条項を定めるに当たって大リーグ契約条項を参考にしつつこれと異なる規定となっているところからすれば、米国の状況が本件契約条項の解釈にそのまま当てはまるということはできない。

　また、Jリーグ規約についても、条文の規定、背景事情が異なるものであり、本件契約条項の解釈にそのまま当てはめることもできない。

　カ　選手らは、韓国における「野球選手契約書」を提出するところ、そこには「第16条〔写真と出演〕球団が指示する場合、選手は写真、映画、TVに撮影されることを承諾する。またこのような写真出演に関する肖像権、著作権などのすべてが球団に属し、球団が宣伝目的などいかなる方法で利用しても異議を申し立てないことを承認する。なおこれによって球団が金銭上の利益を受ける場合、選手は適切な分配金を受け取ることができる。また選手

は球団の承諾なく、公衆の面前に出演し、ラジオ、TVプログラムに参加し、写真撮影を許可し、新聞、雑誌の記事を書き、これを後援し、また商品の広告に関与しないことを承諾する」との規定がある。そして選手らは、これと韓国判決（ソウル中央地方裁判所平成18年〔2006年〕4月19日判決）をあわせると、本件契約条項と全く同じ文言である韓国統一契約書16条について、「宣伝目的」との文言に商品化目的が含まれないことが明らかであり、そうすると本件契約条項の解釈に関しても、これと同じく商品化目的は入らないと解釈すべきとも主張する。

　しかし、韓国判決は、韓国における当事者双方が提出した主張立証に基づき、個別具体的になされた判断であるのみならず、韓国での当該選手契約に関する制定前後の具体的状況や韓国における具体的運用状況、選手らと球団との関係は本件訴訟において主張立証がなされていないから、韓国判決が選手らの主張を直接に根拠付けることにならないというべきである。

　選手らは、JOCにおける近時の取扱いや欧州プロサッカー選手契約においても選手が自ら肖像権を行使できることとされていることを挙げて、スポーツ選手において肖像権は選手個人のものであるという解釈は世界的な傾向であり、本件契約条項の解釈もそれに沿うべきであるとも主張するが、これらはいずれも契約条項の内容や背景事情を異にするものであり、本件契約条項の解釈にあたり、これらを参酌すべきとする根拠とはならないというべきである。

　キ　選手らは、昭和26年当時に選手の肖像を使用した商品は存在したが、球団は肖像権使用料を徴収しておらず、何ら肖像権管理を行っていなかった可能性があるとして、それに沿う証拠を提出する。

　なるほど、証拠（「常識を破壊！これが正しいスポーツカードの集め方」報知新聞社平成10年3月20日）には、1950年代後半から、それまでイラスト中心であったメンコにつき、（T選手の入団の影響もあって、写真メンコがブームとなったが、1960年代半ば（昭和40年頃）から急速に発行量が少なくなった旨が記載され、その理由として「写真メンコを発行する際に肖像権の承認を球団から取る必要が生じたためではないかといわれています。それまでは雑誌から写真をコピーして着色して商品化したものも多数発行されていたのですが、承認料を支払えないメーカーは次々に市場から撤退していったのでしょう」と記載されている。

しかし、これは写真メンコの盛衰について述べた文献にすぎず、球団による許諾について述べたものではなく、これにより球団による肖像権管理ないし使用許諾料徴収が、昭和40年頃から初めて行われたものと認めることはできない。

　ク　(ア)　選手らは、早稲田大学K教授の意見書を証拠として提出するところ、同意見書においては、「パブリシティ権の本質の理解については、プライバシー権とパブリシティ権を人格権の中で一体的に考える立場と、人格権に属するプライバシー権と対立的に名称・肖像のもつ顧客吸引力という財産的価値に着目してパブリシティを独立的に理解する立場がある」とし、「プライバシー権とパブリシティ権は等しく人の人格権から派生するものであって人格権の2つの側面として不即不離の関係にあり、後者は人格権の商品化から生じた人格権のもつ財産的利益の排他的支配権と解するのが相当である」としたうえで、「独占的使用権を他者に与えるとしても、本人の支配がまったく失われるような形で商業的使用・商品化型使用を含めて包括的に氏名・肖像の有する経済的利益の排他的支配権であるパブリシティ権の独占的使用を他者へ許諾する契約は、原則的に認められない」とし、「このような包括的な独占的使用権の許諾を認める場合には、派生権であるパブリシティ権の実現（使用）の場で、母権である本人の人格権と派生権であるパブリシティ権が相互対立する現象が生じることになる」とする。そして、本件契約条項の内容とするパブリシティ権の球団への使用許諾を認めるとしてもその範囲は制限的に解釈されるべきであり、選手が自らの意思で自己の人格的アイデンティティを商業的利用に供することを制限・禁止する内容を含まないと解する」とする。また本件契約条項を含む選手契約も約款による契約であって、制限的に解釈されるべきで、本件契約条項をパブリシティ権の本質と相容れない、また約款作成者に有利な拡大解釈はとるべきではないとする。

　これに対し、球団（被控訴人）らは、慶應義塾大学のU教授の「鑑定書」と題する書面を提出し、これによれば、本件契約条項の「すべてが球団に属し」との文言からすれば肖像に関する使用許諾よりも譲渡になじみやすく、その内容も「写真・撮影フィルムに具体化されたところの肖像、容姿についての経済的利用に関する処分権限の全面的な委譲と、氏名に関する商標的・装飾的利用権限の委譲にすぎず」、このようなパブリシティの一部の譲渡については認めて差し支えなく、また解釈として独占許諾と解することも可能

である。選手による相手方選択の可能性の制限、肖像の利用に係る規定の変更を求める余地が少ないことからすれば附合契約的な要素もあるが、〔1〕球団が管理し分配金を選手に支払うというシステムは合理的であり、〔2〕本件契約条項の対象が限定され、〔3〕球団の管理にも長い歴史・実績があることから、本件契約条項は十分に合理的かつ有効であるとする。

　さらに球団らは、専修大学V教授の「鑑定意見書」と題する書面を提出し、これによれば、肖像や氏名の使用を決定することができるのはその本人のみであり、これは人格権から導きだされるところ、その商業的利用に関しては、その使用が同意された後は、本人の人格権を不当に害するような使用態様がない限り、人格権の法理に服することなく、人格権からは独立した財産的権利として、譲渡など財産法の枠内で扱われるから、本件契約条項により球団は選手の氏名、肖像に関する権利の独占的な使用許諾を受けている。また金銭の支払いを受けているなどの現実の運用にも照らし条項が無効ともいえない。宣伝目的には、選手の肖像が野球カードに使用されてもこれが公衆の関心をつなぎ止める機能を果たすことに変わりはないから、商品化型利用も含まれるとする。

　(イ)　U教授及びV教授の意見書は、当裁判所の判断と矛盾するものでなく、また、選手らの提出するT教授の意見書も一般論としては同様であって、本件契約条項の解釈に関する認定を左右するものではない。

4　本件契約条項による契約は不合理な附合契約であり民法90条に違反し無効であるかについて

　(1)　当裁判所も原審同様、本件契約条項が不合理な附合契約として民法90条により無効となるものではないと解する。なお、当審における選手らの主張に鑑み、以下のとおり付加する。

　(2)　ア　本件契約条項に相当する規定は、統一契約書の一部である。その第11条（傷害補償）の規定に関し、昭和50年、昭和55年、昭和60年、平成3年、平成7年、平成8年と改訂され、順次選手らに対する補償金額が見直されているほか、第31条（契約の更新）についても、平成5年度〔1993年度〕の選手契約からは、「次年度契約における参稼報酬の金額は、選手の同意がない限り、本契約書第3条の参稼報酬の金額から25％に相当する金額を超えて減額されることはない」との条項（古田敦也の1993年度選手契約）がお

かれ、これは後に平成10年度〔1998年度〕に「次年度契約における参稼報酬の金額は、選手の同意がない限り、本契約書第3条の参稼報酬の金額から、同参稼報酬の金額が1億円を超えている場合は30％、同参稼報酬の金額が1億円以下の場合は25％に相当する金額を超えて減額されることはない」（古田敦也の1998年度選手契約）と改められるなどの改正がされている。

イ　統一契約書第31条（契約の更新）は、昭和47年、昭和48年、昭和50年、平成3年にも改正がされている。

その他にも、第24条（移転費）に関して昭和50年、昭和54年2月、9月、昭和60年に改正がされている。

さらに、平成10年には、第35条（任意引退選手）として、参稼期間中または契約保留期間中であっても、選手が引退を希望した場合に、任意引退選手として公示されるための手続きに関する規定が追加された。任意引退選手となりリストに入れられると、平成10年12月15日に調印発効となった「日米間選手契約に関する協定」により米国大リーグ球団と契約可能となる場合もある。

ウ　（略）

エ　（略）

オ　認定した各事実によれば、〔1〕本件契約条項は、2項における分配金の定めとともに、写真出演に関する選手の肖像権が球団に属し、宣伝目的のためこれを球団において使用することができることを定めるにすぎず、その規定自体から不合理かつ不公正で公序良俗に反する内容であるとは言い難いこと、〔2〕本件契約条項に相当する規定の置かれている統一選手契約も、毎年選手との間で契約が締結ないし更新されることを前提として、傷害補償・移転費、選手に必要な補償について選手に有利な形で何回も改正されてきているほか、参稼報酬減額の場合の制限、選手が希望した場合の任意引退の規定など、選手契約の根本に係る部分についても規定が追加されてきていること、〔3〕選手会と野球機構らとの間で選手関係委員会の会合が継続的に開かれ、そこにおいて選手契約と係わる部分も話合いがされ、統一契約書の改訂に実現したものもあること、〔4〕球団タイガースとR元選手との間の肖像権契約によれば、契約に当たって球団の事前の承認は要求されているものの、R選手の企画会社に同選手の肖像権、著作権に関しての企画紹介業務を行うことを許容していること、の事情もあり、これらに照らせば、本件契約条項

を前提とすると、選手が肖像権管理について、全く関与することができないと認めることもできない。

　以上によれば、本件契約条項が民法90条により無効であるとは到底いうことができない。

　(3)　選手らの主張に対する判断

　ア　選手らは、選手において氏名及び肖像の利用に関する特約を締結することが不可能であり、そうした事例がないとしながら特約の締結も不可能ではないとした点に原判決の誤りがあると主張する。

　たしかに、選手契約において、選手の氏名ないし肖像の利用に関する特約が締結された事例は証拠上、見当たらず、また、野球協約47条2項には、野球協約の規定及び統一契約書の条項に反しない範囲での特約の記入が認められているにすぎないとはいえる。

　しかし、そもそも氏名及び肖像の選手の使用に関する特約について、何らの形でも特約の締結が不可能であるとは統一契約書、野球協約の規定から認めることはできない。選手らの主張する氏名及び肖像に関する特約が、あくまで選手らの要求している、複数球団にまたがる選手肖像の利用について選手会にその権限の委任を可能とする内容で、本件契約条項の内容に反することを前提とするものであれば、そうした内容での特約の締結は可能といえない。これは、野球協約の規定からすれば、むしろ当然ということになる。とはいえ、これは、統一契約書が数度にわたり改訂されていることによると、その改訂に関する問題というほかなく、特約の締結可能性の問題とはいえない。

　イ　選手らは、金銭（分配金）が支払われたとしても、選手の意思が反映されない点で依然として問題が残るとも主張する。

　しかし、選手らが問題とするゲームソフト、野球カードの肖像権の使用許諾は、商業的利用に関するもので、それ自体金銭の受領が本質的な問題であるから、選手に対して分配金が支払われていることを、本件契約条項の有効性の判断の補強理由とした原判決の認定に何ら問題はない。

　ウ　さらに選手らは、球団が肖像権を管理すべき合理性はないとして原判決を論難する。

　しかし、選手が商業的利用も含め、自らの肖像権を生来的に有することはそのとおりであるが、これを自らの判断で、契約により球団など第三者にそ

の管理を委ねることも許されるのであり、本件は、そのような意味における肖像権が選手から球団に対し、契約によって独占的利用を許諾したと認めることができるものである。そして、選手の肖像ないし氏名の宣伝目的での使用を、球団が一括管理することを前提とした本件契約条項の内容が、それ自体として不合理といえないことも前述のとおりである。

5　本件契約条項は独占禁止法違反として無効となるかについて

(1)　当裁判所も本件契約条項が独占禁止法の観点からして、民法90条により無効となるものではないと解する。

(2)　なお、当審における選手らの主張に鑑み、以下のとおり付加的に判断する。

ア　独禁法19条に違反した契約の私法上の効力は、その契約が公序良俗に反するとされるような場合は別として、同条に反するからとの理由で直ちに無効となると解すべきではない。

イ　球団らが選手会に対して肖像権のライセンスを行うことを拒絶させているとの点についても、本件契約条項が不当なものとはいえず、これに基づくものであって共同の取引拒絶には当たるものでない。

ウ　選手らの独禁法違反の主張に関連し、以下の事実が認められる。

(ｱ)　選手会と野球機構とは複数回にわたり選手の待遇や野球をめぐる環境の改善に関して話合いを行ってきており、その内容、野球協約の変更に関しては、既に認定した事実以外に、以下のものがある。

a　平成7年〔1995年〕の第1回選手関係委員会・日本プロ野球選手会会合において、フリーエジェント（FA）資格緩和のための「特例条件」について、試合出場数による緩和措置を要望してきた選手会が、初めて具体的な提案をしてきたものの、(1)野手は800試合、(2)投手は200試合との提案があり、検討が促されたのに対し、野球機構選手関係委員長は、出場数となると、ポジションによって難しい問題が出てくる。むしろ連続して1500日登録のような緩和条件を考えた方がよいのではないかとの提案をし、具体的な成果はなかった。

b　当初10年間、年間150日の稼働が要件とされていたFA資格取得のための要件につき、平成10年〔1998年〕にFA資格取得のための稼働年間につき9年に緩和された。

c　現在の野球協約では、FA 資格の取得条件は、野球協約 197 条(1)により、年間 145 日の出場選手登録日数が必要とされることになっており、これも平成 13 年〔2001 年〕、平成 15 年〔2003 年〕、平成 16 年〔2004 年〕にそれぞれ改正されているほか、平成 16 年 7 月の改正後の 197 条（資格取得条件）(2)の内容は下記のとおりであり、出場選手登録日数についても、選手側に配慮した規定が置かれるに至っている。

　「出場選手登録日数が同年度中に 145 日に満たないシーズンがある場合は、それらのシーズンの出場選手登録日数をすべて合算し、145 日に達したものを 1 シーズンとして計算する」

　(イ)　選手会は、複数球団選手を含む肖像の使用について、これを「包括的使用」とし、これに関しては、選手会に委任したことにより、球団には使用許諾権がないことを前提とし、野球機構に対し、選手のパブリシティ権を選手会が暫定的にライセンスを行う提案をしている。

　しかし、それまで球団が行ってきた選手の肖像・氏名に関する管理は、こうしたゲームソフトの商品に関する使用許諾実務以外にも幅広い業務があり、これをそれまで行ってきた球団に代わって、その一部でも選手ないし選手会において行うとすることについて、選手ないし選手会と球団ないし野球機構とで真摯な話合いがされてきたと認められるかについては疑義がある。

　エ　(ア)　さらに選手らは、選手会は肖像権使用料を 10％としているのに対し、野球機構の委託する株式会社ピービーエスらはこれを 20％としているから、公正な競争が阻害されているとも主張する。しかし、この点に関しては以下の事実が認められる。

　　a　選手会は、平成 13 年 3 月から、野球ゲーム（ファンタジーベースボール）に関し、これを運営するファンタジー・スポーツジャパン社、スポーツナビゲーション社に選手の肖像権ライセンスを行い、これに関し、選手会は、平成 13 年 7 月 21 日の選手会臨時大会において、ライセンス料を 10％とする旨を決議した。

　　b　選手会は、家庭用テレビゲーム機向けの野球ゲームソフトに関して、スクウェア社が平成 14 年〔2002 年〕に発売した「日米間プロ野球ファイナルリーグ」に、また平成 14 年にメディアカイト社のパソコンゲームソフト「野球道 21」にも選手の肖像に関するライセンスを行った。

　　c　選手会が得た肖像使用料は、選手会大会の決議に基づき、一部を選手会

の活動資金に充てた後、各選手に分配している。使用料徴収・分配に関する事務は、選手会事務局と TWI インタラクティブ・インク社とが共同で行っている。現在のライセンス先は、1社のみとなっている。

(イ) しかし、野球機構の委託した株式会社バップ及び株式会社ピービーエスの行っている業務内容には、ゲームソフトメーカーと球団との間での映像のやりとり、ゲーム内容の確認業務など多様なものを含んでおり、これを単純に実施料率の点だけから比較して公正か否かを判断することはできない。

オ 選手らは、早稲田大学法学学術院 L 教授の意見書を提出し、これによれば、共同の取引拒絶該当性につき、球団は、選手をしてプロ野球選手会ないし他の管理会社にパブリシティ権のライセンスをさせないようにしており、共同の取引拒絶に該当し、目的の正当性についても疑問があるとする。また、選手らは、同じく慶應義塾大学産業研究所 M 准教授の意見書を提出し、これには、〔1〕相手方たる所属のプロ野球選手との取引において拘束する条件を付して取引した結果、少なくともプロ野球選手のパブリシティ権の管理受託業務及び第三者への使用許諾（ライセンス）業務においてプロ野球球団と競合関係に立つ日本プロ野球選手会の取引の機会が減少し、他に代わり得る取引先を容易に見出すことができなくなるおそれが生じたものと評価することができるから不当な拘束条件付き取引に該当する、〔2〕本件契約条項のように、独占的なパブリシティの使用許諾を求めることを内容とする条件を付す契約は、球団が優越的地位にあったからこそ課すことができる条件であって優越的地位の濫用に該当する、〔3〕正当な理由があるかについても、球団の投資の回収及び球団にとって好ましくない態様での肖像の使用の防止は、各球団にとっての必要性・合理性であって、1条に定める独禁法の目的から正当な目的と是認されるものとはいえないなどとする。

しかし、独禁法違反の主張については、すでに検討したとおりであって、本件契約条項を無効と解することはできない。

6 結論

以上のとおりであるから、選手（控訴人）らの請求は、いずれも理由がない。

よって、これと結論を同じくする原判決は相当であるから、本件控訴を棄却することとして、主文のとおり判決する。

③ 4条に関係する裁判例

〔4条〕「地方公共団体は、基本理念にのっとり、スポーツに関する施策に関し、国との連携を図りつつ、自主的かつ主体的に、その地域の特性に応じた施策を策定し、及び実施する責務を有する」

・損害賠償等請求控訴事件(福岡高等裁判所 平成30年9月27日判決)
主文
1 本件控訴を棄却する。
2 控訴人の当審における追加請求及び拡張請求をいずれも棄却する。
3 当審における訴訟費用は全て控訴人の負担とする。

事実及び理由
第1 事案の概要
1 (1) 本件は、控訴人(一審原告)が、自宅に隣接する小学校の運動場(本件施設)を使用する少年野球チーム(D少年団(本件団体))の児童が、練習時に発する掛け声や金属バット音による騒音(本件騒音)が、控訴人の受忍限度を超えており、控訴人の平穏な生活を侵害するとした上で、本件騒音は、被控訴人(北九州市)の職員(特別職公務員)である管理指導員兼運営協議会委員のEらが、本件団体の監督として、児童らに指示し、発生させているものであり、また、本件施設や本件団体による本件施設の使用を管理する北九州市教育委員会(教育委員会)に対し、長年にわたって何度も上記状況を申告して、対処を申し入れたにもかかわらず、教育委員会において、何らの対処もせず、かえって、控訴人からの苦情申入れには一切応じない(以下「本件措置」)旨を通告して(本件通告)、控訴人からの苦情申入れを拒絶しており、これらのことによって、控訴人は多大な精神的苦痛を受けたと主張し、上記小学校を設置管理すると共に、教育委員会を設置する被控訴人に対し、

ア 平成23年6月4日から平成26年6月3日までの間、本件施設から受忍限度を超える騒音が発生し続けたことで、控訴人の生活権が侵害され、精神的苦痛を被ったのは、被控訴人の職員であるEらの指示(作為)によるものであり、あるいは、教育委員会が本件団体に対する本件施設の使用許可を

取り消すなどの適切な防止措置をとらなかったこと（不作為）によるものであるとして、国家賠償法1条1項に基づき慰謝料200万円の支払を、

イ　本件通告により生活権、苦情申立権及び名誉権を侵害され、精神的苦痛を被ったとして、国家賠償法1条1項に基づき慰謝料800万円の支払を、

ウ　(ア)　教育委員会又は被控訴人の職員が本件通告後現在に至るまで本件騒音に関する控訴人の苦情への対応を拒絶したこと（本件措置）により、控訴人の行政機関及びその職員から合理的理由なく差別され又は私的制裁を受けない権利を侵害され、精神的苦痛を被ったとして、国家賠償法1条1項に基づき慰謝料50万円の支払を、

(イ)　被控訴人の指導部・指導第二課（指導第二課）指導主事であったFが、控訴人の妻である花子を通じての苦情電話への対応を拒絶したことにより、控訴人の生活権、苦情申立権及び名誉権を侵害され、精神的苦痛を被ったとして、国家賠償法1条1項に基づき慰謝料150万円の支払を、

(ウ)～(ク)（略）、

それぞれ求めた事案である。

(2)　原審（第一審）は、控訴人の請求を全て棄却したことから、控訴人が、これを不服として控訴をした。なお、(中略)、当審において、一部の訴えの追加的変更ないし請求の拡張をした。

2　（略）

第2　当裁判所の判断
1　当裁判所の判断

(1)　本件騒音に関する国家賠償請求について

ア　(ア)　控訴人は、本件騒音について、被控訴人の特別職公務員に当たる学校施設開放事業の管理指導員である本件団体の指導者らの指示により発せられているものであるから、被控訴人が、本件騒音により生じた損害について国家賠償法1条1項に基づく責任を負うと主張する。

(イ)　しかしながら、被控訴人が国家賠償法1条1項の責任を負うのは、その公務員が「職務を行うについて」他人に損害を与えた場合に限られる。

そして、学校施設開放事業における管理指導員は、昭和51年6月26日付け文部事務次官通知で、施設設備の管理並びに利用者の安全確保及び指導に当たる者と位置付けられ、教育委員会が管理指導員に宛てた書面では、その

職務は、利用者の安全指導に努めること、開放時間中の施設や設備の管理、用具貸出し、開放日誌の提出などとされている。なお、遊び場開放の管理指導員については個人利用の管理指導員として勤務した場合のみ、報酬が支払われる。

　このように、管理指導員の職務は、施設自体の管理、利用者間の調整、利用者の安全確保とそのための指導にあるのであって、利用者が行う競技に関する技術指導は、その職務に当たるとはいえない。

　本件騒音に関し、本件団体の指導者らが出している発声の指示は、専ら野球競技の技術指導の一環としての指示であることから、管理指導員の職務としての指導に当たると認めることはできず、その職務と関連して一体不可分の関係にあるものとも、客観的、外形的にみて社会通念上、その職務の範囲に属するものとも認めることはできない。

　したがって、本件騒音が、被控訴人の公務員である管理指導員の職務としての指示により生じたものということはできない。

　(ウ)　したがって、本件騒音が受忍限度を超えるかどうか検討するまでもなく、被控訴人の公務員が、その職務として本件騒音を生じさせているとの控訴人の主張は採用することができない。

　イ　控訴人は、被控訴人の職員が、本件騒音について適切な指導をしなかったことや施設利用の許可の取消しをしなかったこと（不作為）が国家賠償法上の違法に該当すると主張する。

　(ア)　控訴人の上記主張は、本件騒音に対する被控訴人の規制権限の不行使の違法をいうものと解されるところ、規制権限の不行使という不作為が国家賠償法上の違法行為であるというためには、権限不行使によって損害を受けたと主張する特定の住民との関係において、当該公務員が規制権限を行使すべき義務（作為義務）が認められ、その作為義務に違反したことが必要というべきである。

　(イ)　控訴人は、被控訴人が、本件条例（北九州市公害防止条例）3条1項にいう事業者に該当するから、本件騒音という公害を防止するために必要な措置を講じるべき義務を負うと主張する。

　しかしながら、学校施設開放事業は、学校の体育施設を地域住民のスポーツ活動に供する事業であり、学校施設を用いたスポーツ活動を企画、運営する事業ではない。

すなわち、被控訴人は、本件団体の活動について、場所を提供しているにすぎないのであるから、本件団体の活動についての事業者に当たる余地はなく、本件団体の活動から生じる本件騒音との関係で、本件条例3条1項にいう事業者に当たるとは認められない。

　なお、本件条例において、騒音に関する規制基準の遵守義務を負うのは、騒音に係る指定施設又は指定工場を設置している者であり（15条）、学校は指定施設又は指定工場（2条5号、6号）に当たらないから、被控訴人が学校から生じる本件騒音について、同条に基づく規制基準の遵守義務を負うということもできない。

　したがって、被控訴人が本件騒音について、本件条例に基づき何らかの作為義務を負うと認めることはできない。

　(ウ)　A　もっとも、教育委員会は、行政財産である本件施設について、その用途又は目的を妨げない限度において使用を許可することができ、許可の条件に違反する行為があると認めるときは、その許可を取り消すことができる（地方自治法238条の4第7項、9項。改正前の地方教育行政の組織及び運営に関する法律23条2号）のであり、学校教育法137条、社会教育法44条、45条1項、廃止前のスポーツ振興法13条はいずれも同旨の規定であって、教育委員会に、上記目的での学校施設利用についての許可に関する権限を与えたものと解することができる。

　そして、本件規則（北九州市学校施設の開放に関する規則）は、学校施設の開放に関し必要な事項を定めるものである（1条）ところ、遊び場開放（6条）のための利用については、北九州市内に在住又は在勤する者が成人の代表者を含む5人以上の団体を構成し、教育委員会に登録した場合に限り許可するとされている（8条1項）が、ほかに明示的な許可の要件は定められていない。また、教育委員会は、本件規則の規定に違反した利用者に対しては許可を取消し、又は利用の中止を命ずることができるとされている（11条）ものの、本件規則における禁止事項としては、施設又は設備を棄損し、又は汚損すること、指定された開放施設以外の施設に立ち入ること、火遊びその他危険な行為をすること、他の利用者の利用に支障となる行為をすることが掲げられている（9条）のみであって、本件騒音など近隣への迷惑行為は禁止事項として掲げられていない。

　本件規則に基づき定められた本件要綱（北九州学校施設の開放に関する実

施要綱）にも、許可を取り消す要件、利用中止を命ずる要件及び登録を取り消す要件についての定めは置かれていない。

　一方、本件規則には、登録団体の代表者は、常に善良な管理者としての責任と注意をもって開放施設を利用しなければならない旨の定めがあり（8条3項）、この義務を怠った場合には、上記の登録を取り消すことがある旨の定めが置かれている（同条4項）。

　これらの本件規則及び本件要綱並びにその前提となった各種法規の定めに照らせば、教育委員会は、いったん利用を許可された本件団体による本件施設の利用について、<u>受忍限度を超える騒音</u>を生じさせていることが<u>登録団体代表者の善良な管理者としての注意義務に違反していると判断した場合には、団体登録を取り消し、あるいは、利用許可の取消し、又は、利用の中止を命じる権限を有しており、その判断及び利用許可の取消しを行うか否かは、教育委員会の合理的裁量に委ねられている</u>と解するのが相当である。

　このように、教育委員会の上記規制権限の行使に裁量が認められる以上、具体的事案の下において、教育委員会に規制権限が付与された趣旨、目的に照らし、その<u>不行使が著しく不合理と認められるときでない限り、規制権限を行使すべき作為義務は認められず</u>、当該権限の不行使が、国家賠償法1条1項の適用上違法の評価を受けるものではないというべきである。

　B　控訴人は、本件騒音が受忍限度を超えるものであるから、被控訴人に規制権限を行使すべき作為義務がある旨主張する。

　(A)　原判決記載のとおり、控訴人の計測によれば、本件騒音については、控訴人の自宅室内において概ね<u>70DB</u>から<u>80DB</u>の計測値を示し、時には80DBを超えることもあり、このことは、控訴人が改めて検定証印付き騒音計を用いて測定し直した証拠でも、ほぼ同様の結果であった。これらの数値は、<u>北九州市条例基準に定める基準値（昼間の騒音規制値が60DB以下）を上回っている</u>。そして、本件騒音中には、大きな発声をすることだけを目的とした指導者の指示やそれに応じた発声も含まれている。

　しかしながら、<u>本件条例における騒音の規制基準は、指定施設または指定工場についてのものであり（15条）</u>、本件団体はこれに当たらないから、本件騒音について、北九州市条例基準を上回る音量が計測されたからといって、そのことだけから当然に、本件騒音が受忍限度を超える違法なものであるということはできない。

(B)　他方、本件騒音は、本件施設の開放日、開放時間のみに発生するものであり、さらに、開放時間中の音量も増減するものであって、工場騒音のように連日、かつ工場稼働中は継続して発生するものとは異なる。(なお、控訴人は、本件騒音が毎週末に数十分から数時間にわたり連続して発生するものであること、本件騒音は人声を主体とする変動騒音であって慣れによる不快感の低減を期待することができないことを主張するが、そのことをもって直ちに本件騒音が受忍限度を超えるものであるということはできない)

　また、発声のみを目的とした指導や、それによる発声は、本件騒音の一部にすぎず、本件騒音中には、金属バットの打球音、プレー中の選手同士の声かけ、グラウンドでプレーする者に対する指導者の指導の声も含まれており、これらは、本件団体の活動に伴って必然的に生じる音である。そして、控訴人が引用する別団体の活動にあっても、北九州市条例基準を超える音量を計測しており、本件施設で野球の練習を行う場合、控訴人宅で計測される音量を北九州市条例基準の範囲内にとどめるのは必ずしも容易ではないことがうかがわれる。したがって、本件騒音を控訴人が主張する限度に確実に抑えるためには、本件団体による本件施設利用を中止させる（利用許可ないし団体登録を取り消す）ことにならざるを得ないが、本件団体による本件施設の利用は、学校施設開放事業における遊び場開放の趣旨に沿うものであって公益性、公共性があることも否定できない。

　さらに、本件団体の活動に関し、本件通告がされた後の、平成24年4月30日付けで、控訴人夫妻と連名で5名の住民が本件騒音を50DB以下にするようにとの要望書を被控訴人に対して提出しているものの、控訴人の主張によっても控訴人が自宅に転居した時点で本件団体による利用が既に行われていたにも関わらず、当審における弁論終結時に至るまで、これ以外に控訴人夫妻以外の住民が、本件団体の活動に関し、被控訴人あるいは本件団体に対し、本件騒音について苦情を申し入れたことを認めるに足りる証拠はない。

　加えて、控訴人夫妻は、教育委員会が本件規則に基づき、本件事業の運営を開始した後に本件施設に隣接する肩書地に転居してきたものであることから、本件施設が本件事業に利用されることに伴い生じる騒音については容易に予見し得たと認められ、そのような立場にありながら、現在の自宅に居住を開始したものということができる。控訴人は、本件騒音のような音量の騒音は予見していなかったと主張するが、本件騒音には野球競技を行うに際し

必然的に発生する音が含まれており、およそ予見し得ないような音量の騒音であるとはいえない。
　(ウ)　以上の事情を考慮すると、本件騒音が受忍限度を超えるものであると認めるには足りず、本件団体の代表者において本件騒音を発生させていることについて、善管注意義務違反があったということはできないから、これにつき、被控訴人が規制権限を行使しなかったことが著しく不合理であると認めることはできず、当該権限の不行使が国家賠償法上の違法行為に当たるということはできない。
　(エ)　控訴人は、被控訴人が本件騒音につき、本件団体に対する指導、監督をすべき作為義務の違反があったとも主張する。しかしながら、本件騒音が受忍限度を超えるものであると認められない以上、被控訴人が指導、監督をしなかったとしても、そのことが著しく不合理であるということはできず、国家賠償法上の違法行為に当たるということはできない。
　ウ　以上のとおりであるから、本件騒音に関する国家賠償請求についての控訴人の主張は、その余の点について判断するまでもなく理由がない。
　(2)　本件通告に関する国家賠償請求について
　ア　控訴人は、本件通告が本件措置という害悪を告知し、脅迫をするものであり、また、本件措置自体が違法であるから、本件通告も違法であると主張する。
　イ　しかしながら、本件措置は違法とはいえず、控訴人に対する害悪とも評価することはできない。
　また、本件通告は控訴人に対し、本件騒音に関する電話や書簡の送付をやめてもらうようお願いすることを内容とするものであって、害悪を告知するものでも脅迫をするものともいえず、それにより控訴人の何らかの権利を侵害するものとは認められない。そのことは、本件通告について、控訴人自身が任意の協力を求める意思表示と理解していることからも明らかである。
　ウ　よって、この点についての控訴人の主張は理由がない。
　(3)　本件措置に関する国家賠償請求について
　ア　控訴人が本件措置として主張するのは、平成23年6月16日の面会時に被控訴人職員のIが告げた、「M小学校の教育活動とか学校施設開放事業、目的外使用における控訴人の様々なご要望や意見に対し、被控訴人としては、今後、電話、面談、メールや書簡は一切応じないこととする」という被控訴

人の対応である。

　イ　被控訴人は、本件条例3条1項、4条5号に基づき、事業者である被控訴人が騒音について調査義務を負うことを前提に、控訴人に騒音計の測定値の証拠や騒音の改善要請を提供することのできる手続上の権利又は利益がある旨を主張する。しかしながら、被控訴人は本件条例3条1項にいう事業者に当たらないから、同主張はその前提を欠くものである。また、本件条例4条5号は、被控訴人に公害に関する苦情の処理体制の整備及び適切な処理を実施するものとする旨定めているものの、この規定は、被控訴人に対し公害防止のための諸施策を実施する責務を課するにとどまり、被控訴人の住民に控訴人が主張するような権利を認めるものと解することはできない。

　したがって、本件措置が控訴人の何らかの権利を侵害する侵害行政活動であることを前提に、その違法性を主張する点は全て理由がない。

　ウ　もっとも、控訴人の被控訴人ないし教育委員会に対する本件騒音に対する申入れは、本件団体に対する被控訴人の規制権限の行使を求めるものとして、行政機関である被控訴人の事務に対する苦情とみる余地はあり、自己の事務に対する苦情について誠意をもって対応することは、行政機関の当然の責務であるということはできる。

　しかしながら、行政機関による苦情処理は事実上の行為であって、行政機関は苦情として申し入れられた問題を解決すべき法律上の義務や苦情として述べられた住民の要望を全て充足すべき法律上の義務を負うものと解すべき根拠はなく、住民である控訴人に苦情申立権といった権利があると認めることもできない。

　そして、被控訴人は、本件騒音以外にも本件小学校に関する控訴人の種々の苦情に対応するため、平成7年ころから、防球ネットや音響機器の改修工事を行ってきており、また、本件騒音に関する苦情についても、本件団体の登録代表者に善管注意義務違反があったとは認められず、利用許可の取消しをすべき作為義務があるとはいえない状況であったものの、本件団体の代表者に対し、掛け声を控えるように依頼したり、別の場所で練習することを求めたりしてきたものである。防音壁の設置や植樹などの要望については、控訴人の苦情のために他の住民から徴収した税金を用いるのが適切かという視点からの検討も必要であることを踏まえれば、被控訴人が、これらの設置を検討している旨の回答をしたことがあり、それらが実現していないとしても、

そのことをもって、本件通告がされた当時までに、被控訴人において控訴人の苦情に対する責務を果たしていなかったということはできない。

なお、控訴人が測定した音量を前提にしても、被控訴人において本件団体への利用許可の取消しを検討すべき状況にあるとまではいえないのであるから、さらに被控訴人で独自に本件団体の発する音量を計測する義務があるということはできない。

本件通告がされた当時、控訴人の同種の苦情に対し、前提となる事情が変わらない中で、被控訴人において、さらに行政機関の責務として行うべき事務があったとは認められないのであるから、本件措置は、被控訴人として、控訴人からのこれまでと同種の苦情に対しては、これ以上、対応する余地がないことを明らかにしただけのものというべきであり、合理的な理由もあるといえる。

よって、本件通告がされた当時、被控訴人が控訴人の苦情申入れに対し行うべき業務を怠ったとはいえず、控訴人の苦情申入れを、他の住民からの苦情申入れよりも不利益に扱ったともいえない。

エ 本件措置は、控訴人の同種の苦情申入れに対し、被控訴人としてこれ以上対応する余地がないことを明らかにした趣旨のものにすぎず、控訴人の苦情相談を制限したり、あるいは、控訴人の苦情相談を差し止めたりする効果を生じさせるものではなく、不利益処分ということはできないから、苦情相談の制限態様について主張する控訴人の主張は、その前提を欠くものである。

控訴人は、被控訴人が本件団体に指導を徹底することを回答したことから、これに対する信頼を保護すべきであると主張するが、これは本件規則を守らない利用者に対する一般的な対応を回答したものにすぎず、本件団体について善管注意義務違反が認められない以上、このような回答をしたからといって、さらに指導をすべきであったとはいえない。

控訴人は、小学校の騒音に対する苦情に対する被控訴人の対応が、全国的な地方公共団体の対応との比較において住民を不利益に取り扱う差別的なものであると主張するが、他の地方公共団体の取扱いと比較するにあたり、その前提となる事情が全く同一であるかどうかが明らかでないから、同主張は採用することができない。

オ 以上、本件施設に関する控訴人の苦情について、特段、新たな事情が

生じていない限り、更なる対応をしないこととした被控訴人の対応が違法であるということはできないところ、本件において、新たな事情が生じたことを認めるに足る主張、立証はない。
　したがって、控訴人夫妻の苦情への対応を拒絶した被控訴人の職員の個別の行為が違法であるとも認められない。
　よって、本件措置そのものの違法を主張する控訴人の請求は、全て理由がない。
　(4)(5)(6) (略)

2　以上のとおりであるから、控訴人の請求は、当審において追加ないし拡張した請求を含めて全て理由がない。よって、控訴人の請求を全部棄却した原判決は相当であって、本件控訴は理由がないからこれを棄却することとし、(中略) 主文のとおり判決する。

4　5条2項に関係する裁判例

〔5条2項〕「スポーツ団体は、スポーツの振興のための事業を適正に行うため、その運営の透明性の確保を図るとともに、その事業活動に関し自らが遵守すべき基準を作成するよう努めるものとする」

・4-①　損害賠償請求事件(東京地方裁判所　令和3年4月16日判決)
主文
1　原告らの請求をいずれも棄却する。
2　訴訟費用は原告らの負担とする。

事実及び理由
第1　請求
1　被告アントラーズは、原告P1に対し、被告P6と連帯して150万円を支払え。
2　被告P6は、原告P1に対し、150万円を支払え。
3　被告アントラーズは、原告P2に対し、150万円を支払え。

第2 事案の概要
1 事案の要旨
(1) 原告P1の請求

被告アントラーズの運営するサッカーのジュニアユースチームに所属していた原告P1が、同チームの監督を務める被告P6は、〔1〕公式試合起用の選考基準（以下「選考基準」）を明らかにすることなく、恣意的に原告P1に対して公式試合出場の機会を与えず、〔2〕柔道競技にも取り組んでいた原告P1に対して柔道とサッカーのいずれを選択するか決めない限りチームの練習に1週間参加させないと述べ、〔3〕原告P1のみに対してチームの練習場において自主練習をするためにコーチへの事前連絡を要求しており、監督に与えられた裁量を逸脱し、指導としての相当性を著しく欠く不法行為を行ったと主張し、被告P6に対して不法行為による損害賠償請求権に基づき、被告P6の使用者である被告アントラーズに対して使用者責任による損害賠償請求権に基づき、連帯して、慰謝料150万円の支払を求める事案である。

(2) 原告P2の請求

被告アントラーズの運営するサッカーのジュニアクラスのチームメイトによる差別行為を受けた原告P2が、同クラスの監督を務めるP7（以下「P7監督」）は、監督として必要な再発防止策を講じていなかったという注意義務違反による不法行為を行ったと主張し、また、被告アントラーズには、スクール運営者として同様の注意義務違反による債務不履行があったと主張して、P7監督の使用者である被告アントラーズに対し、使用者責任又は債務不履行による損害賠償請求権に基づき、慰謝料150万円の支払を求める事案である。

2 前提事実
(1) 当事者

ア　(ア)　原告P1（2004（平成16）年▲月▲日生のロシア連邦国籍を有する男性）は、平成29年4月から平成31年3月まで、被告アントラーズの運営するサッカースクールである鹿島アントラーズFCアカデミーつくば校（以下「つくば校」）のジュニアユースチームに所属していた者であり、つくば校に入校した平成29年当時、中学1年生であった。

(イ)　原告P2（2006（平成18）年▲月▲日生のロシア連邦国籍を有する男

性）は、原告 P1 の弟で、平成 29 年 4 月から平成 31 年 3 月まで、つくば校のジュニアチームに所属していた者であり、つくば校に入校した平成 29 年当時、小学 5 年生であった。

イ　(ｱ)　被告アントラーズは、プロサッカーリーグである J リーグのサッカーチームである鹿島アントラーズの運営、アカデミースクールの設置・運営、サッカー選手の指導・育成を業とする株式会社であり、つくば校を運営している。つくば校には、中学生のカテゴリーであるジュニアユースチーム、小学 4 年生から 6 年生までのカテゴリーであるジュニアチームがあり、入会に関する費用としては、入会金 1 万円、月謝 6000～7000 円程度が必要であった。

(ｲ)　被告 P6 は、平成 12 年に鹿島アントラーズに入団して以降、プロサッカー選手として活動していた者であり、平成 26 年から平成 27 年までつくば校のジュニアユースチームのコーチを、平成 28 年から現在に至るまで同チームの監督を務めている。

(ｳ)　P7 監督は、平成 29 年 2 月から現在まで、ジュニアチームの監督を務める者である。

(ｴ)　P8（以下「P8 コーチ」）は、平成 29 年から現在まで、ジュニアユースチームにおいて、中学 1 年生及び 2 年生に対するコーチを務める者である。

(2)　原告 P1 の活動状況

ア　平成 29 年における公式試合への出場状況

原告 P1 は、平成 29 年 5 月 7 日から同年 10 月 29 日にかけて行われた関東 U13 リーグにつき 9 試合中 4 試合、同年 7 月 22 日から同月 24 日にかけて行われたニューバランスカップにつき 7 試合中 5 試合に出場した。

イ　平成 30 年 3 月における練習への参加状況

原告 P1 は、平成 30 年 3 月 9 日、被告 P6 から、同月 16 日まで、サッカーの練習から一時離れ、原告 P1 が取り組んでいた柔道競技を継続することの必要性について検討するよう伝えられた。そのため、原告 P1 は、同月 10 日、13 日及び 14 日のつくば校での練習に参加せず、同月 11 日の公式試合を欠場し、同月 16 日の練習から復帰した。なお、同月 12 日及び 15 日については、つくば校での練習が実施されなかった。

(3)　原告 P2 に対する差別行為の状況

ア　原告 P2 は、平成 30 年 7 月頃から、チームメイトの同級生から、「金

髪」、「青目」、「触るな、きもい」、「ロシアに帰れ」などと頻繁に言われるようになった（以下「本件差別行為1」）。P7監督は、同年10月12日、原告ら母との電話において、原告P2がチームメイトから本件差別行為1を受けている旨の報告を受け、原告ら母に対し、原告P2に事情を確認する旨を伝えた。
　イ　P7監督は、平成30年10月14日午後7時頃、原告ら母との電話において、「P2にまだ話してくれていない。3日も経っている。この問題を軽く考えているのか」と言われたことから、電話を通じて原告P2と本件差別行為1について話をした。
　(4)　スポーツ団体ガバナンスコード
　　ア　中央競技団体（NF）向け
　選考基準はできる限り、明確かつ具体的にすることが望まれる。
　選考過程についてもできる限り明確かつ具体的にすることが求められる。
　選考から漏れた選手や指導者からの要望に応じて、事後に選考理由を開示することが望まれる。
　　イ　一般スポーツ団体向け
　高いレベルのガバナンスの確保が求められると自ら判断する場合、ガバナンスコード〈NF向け〉の個別の規定についても、その遵守状況について自己説明及び公表を行うべきである。

3　争点
　(1)　原告P1に対する損害賠償責任の存否
　(2)　原告P2に対する損害賠償責任の存否
　(3)　損害の発生及びその額

4　争点に関する当事者の主張
　（略）

第3　当裁判所の判断
1　認定事実
　(1)　選手の行動規範及び選考基準
　　ア　鹿島アントラーズFCアカデミー規約（つくば校の規約でもある）で

は、次のとおり定められていた。
　㋐　育成目的（2条）
　育成組織は、トップチーム（プロサッカーリーグであるＪリーグのサッカーチームである鹿島アントラーズ）のレギュラーを育てるために存在している。そのため、育成過程にある選手もトップチームのもつ哲学、伝統である「献身」、「誠実」、「尊重」を共有しなければならない。育成の目的は、このアントラーズスピリットを継承し、勝者のメンタリティを兼ね備えた個性ある選手を送り出すことにある。
　㋑　選抜チームの行動規範（8条）
　Ａ　選手は、礼節、犠牲、自立の精神をもち、凛々しく立ち振る舞える人間であるべく努力しなければならない。好きなことに本気で取り組み、困難に立ち向かえる人間であれ。
　Ｂ　選手は、日々の練習において常に勝負にこだわり、トップチームで通用し、必要とされる技量を身に付けるべく、チームメイトと共に切磋琢磨しなければならない。
　Ｃ　選手は、十分な食事と睡眠を伴う規則正しい生活を送り、サッカーと学業を両立させなければならない。
　イ　鹿島アントラーズＦＣアカデミーでは、チーム方針として、選手に対し、練習、フェスティバルでチーム内の競争に勝つことを求めており、チーム内の競争に勝った選手が公式試合に出場できることを周知していた。また、原告Ｐ1の所属するジュニアユースＢチームにおいては、主としてＰ8コーチが公式試合への選手の起用を含む指導全般を担当しており、Ｐ8コーチから各選手に対し、選考基準として、〔1〕練習及びフェスティバルでのプレーの改善、〔2〕ピッチ内外での立ち振る舞い、〔3〕チームへの貢献度が重要であると指導されていた。（以下「本件選考基準」）
　(2)　原告Ｐ1の活動状況
　ア　つくば校への入校の経緯
　原告Ｐ1は、平成28年10月19日、被告Ｐ6も同席するつくば校のセレクション面接において、柔道の練習も週1回は続けたいと考えており、サッカーの練習のないオフの日に柔道の練習に参加したいと申し出たところ、つくば校側から了承を得た。

イ　平成29年における公式試合への出場状況

(ア)　原告P1は、平成29年4月30日、練習中に地面に頭頂部を打ったため病院へ行き、脳震盪との診断を受けたことから、10日間の休養を取ることとし、関東U13リーグの同年5月7日の試合への出場を見送った。

(イ)　(略)

ウ　平成30年3月頃における練習への参加状況

(ア)　つくば校では、練習開始の30分前には練習場に集まり、ボールの確認、マーカーの準備、ゴールの運搬といった事前準備やウォーミングアップを済ませるよう伝えられていたところ、原告P1は、午前8時から始まる練習の開始直前に練習場に到着することがあったほか、チームジャージの返却を忘れることがあった。これを受け、P8コーチは、被告P6に対し、原告P1の練習への参加状況を報告した。

また、被告P6は、P8コーチから報告を受けるまでに、原告P1が柔道の試合に参加するため、つくば校における練習を休みたいとの申出をしていたことの報告を受けた。

(イ)　被告P6は、P8コーチからの報告を踏まえて、原告P1の練習の様子を確認したところ、サッカーと柔道の双方への取組が中途半端となり、サッカーに集中することができていないのではないかと考えるに至った。

(ウ)　被告P6は、3月9日、他のスタッフと相談の上、原告P1に対し、原告P1にはプロサッカー選手になるために柔道が必要であるか考える時間が必要であり、同月16日までサッカーの練習から一時離れるよう伝えた。

(エ)　原告P1は、3月10日のつくば校で実施された練習に参加せず、同月11日の公式試合を欠場した。

(オ)　原告P1が、つくば校での練習が実施されなかった3月12日、練習が実施された同月13日を家で過ごしていたところ、原告ら母は、平成30年3月頃、公益財団法人日本サッカー協会（以下「JFA」）の暴力等根絶相談窓口に電話をして、原告P1の状況について相談した。

(カ)　原告P1は、3月14日、被告P6から、原告P1の今後についての検討状況を確認し、整理ができているようであれば報告に来るよう促す内容のメールを受け、つくば校の練習場を訪れた。

原告P1は、被告P6に対して柔道を続ける旨を伝えたところ、被告P6から、家族としっかり話をするよう告げられたため、一時帰宅した。その後、

原告P1は、自宅において原告ら母と話をした上で、再度練習場を訪れ、原告P1、被告P6による話合いが行われた。当該話合いにおいては、次のとおりのやり取りがされ、最終的に、被告P6は、原告P1が柔道を継続して取り組むことを了承した。

原告P1：そういう大きなけがは、し、しない。大きなけがというか、そ、そういうことに関わることは、全然やってない、やってないです。

被告P6：うん、うん。だから。

原告P1：え、いなくて、で、柔道っていうか、それだけに、それだけっていうか、それだけについて、そういう、それだけで、それだけで、その、やめることになるって、ちょっと分かんないです。

被告P6：うん、うん。やめることになるって、何、どういうこと？何をやめるの？

原告P1：ぶれずに、その柔道続けるのかみたいな、あの、聞かれて、どうこう。

被告P6：ううん。いや、だから、その、やめるとかじゃなくて、だから、俺が言ってるのは、その、柔道の内容がどうのこうのだと、俺は知らないよ、別に。うん。ただ、柔道やってるわけでしょ？

原告P1：うん。

被告P6：うん。だから、そんな内容はどうの、軽い内容とか、マッチアップはないかもしれないけど、そんな、じゃ、それ自分でコントロールできんの？マッチアップは、じゃ、今日、じゃ、もし柔道の先生が、じゃあ、例えば「柔道の試合やります」っつって、じゃ、「それやりません」って言えるの。

原告P1：いえ、言えます。

被告P6：じゃ、それ意味あるの？逆にやんないんだったら。

原告P1：あの、やるときはやって、その、あぶ、危ないっていうか、その、危ないと感じる…。

被告P6：その、まあ、その、まあ、その、細かいことはあれにしても、じゃ、マッチアップがない練習だから、けがしないと絶対言えるのってことだよ。

（中略）

被告P6：入校説明会で説明して、何のための月曜日と木曜日オフにして

るって説明になったの、じゃあ。
原告P1：勉強とか自分の時間に生かす。
被告P6：そうだよね。
原告P1：で、自分の時間に柔道やると、やる。
被告P6：自分の時間だけど、例えば、何がお前にとって必要なの。トレーニング、栄養、勉強？
原告P1：全てです。
被告P6：あとは？
原告P1：睡眠。
被告P6：睡眠。休養、どこで休養するのってことよ。
原告P1：だから、その、毎回行ってるわけじゃないんで。
被告P6：うん、いや、分かるよ。分かるけど、じゃ、そもそもの話、じゃ、俺がP1が、お前が今年活動スタートして、お前ここにサッカーに向いて、気持ちが向いてないと、うん、それは、ど、どうしていくのってことよ。だ、だから、魂をここに捧げてやりますって分かるし。
原告P1：うん。
被告P6：でも、じゃ、その柔道毎回行ってないから、やめませんとか、柔道の内容がそうだから、絶対けがしないからとかじゃなくて、だ、結局、別に俺やめさせたいとかじゃなくて、それで、それでちゃんとやれるんだったらいいけど、それでやれないと、もしなったときに、ね。
原告P1：はい。
被告P6：うん、試合に関われないとか、試合に出れないとか、なっても、こっちはもう何も関係ないよってことだよ。
原告P1：分かりました。
被告P6：うん、ここはもうサッカーだし、別に学校で柔道やって、何とか、そんな知らないんだけど、ちゃんとここで全力でもってやることと、外で起こることで、ここに迷惑かかることは、正直言ったら、なしなの、そんなの。うん。
原告P1：分かります。

(キ)　3月15日は、つくば校での練習が実施されず、原告P1は、同月16日から練習に復帰した。

(3) 自主練習における取扱いについて

ア　自主練習の際のつくば校の練習場の使用については、平成29年4月頃までルールは定められていなかったが、同月頃から、ジュニアユースチームにおいては、所属する選手がつくば校の練習場を自主練習のために使用する場合には、事前にスタッフに連絡して使用の許可を得る取扱いとなっていた。

イ　ジュニアユースチームのトレーナー兼コーチを務めるP9（以下「P9コーチ」）は、平成29年5月22日、原告P1のチームメイトに対し、次のとおり、メッセージを送信した。

「TAC（つくば校の練習場）は君たちのだけの公園ではありません。スクールもやっているし、お客さんがいます。もちろん、アカデミー選手だし、その練習したいという意欲は分かるし、サポートしたい。ただ、計画性をもって、自分の課題を修正するためにやってください。それは思いつきでやることではありません。今日時間あるから、とやるのであれば公園でやってください。今日は良いですが、次回からギリギリの連絡には対応しません。これを他のつくばの選手にもLINEで流してください。そして、今後使用する場合は、誰が来るかまとめて、日曜日までに代表者1名がP9に連絡してください。他のメンバーへの展開よろしく」

ウ　P9コーチは、平成29年5月22日、選手がつくば校の練習場で自主練習を行う場合には、自主練習を実施する直前の日曜日までに、他のチームメイトに自主練習の実施の有無を確認した上で実施する選手をまとめて事前にコーチにメールをするというルール（以下「本件ルール」）を設定したことを被告P6に報告し、次回の練習の際に周知するよう依頼したところ、被告P6はこれを了解した。その後、被告P6は、翌日に実施された全体練習後、ジュニアユースチームの選手に対し、本件ルールを遵守するよう指導した。

(4) 差別行為に関する被告アントラーズの対応

ア　P7監督は、平成30年10月12日、原告ら母との電話において、原告P2がチームメイトから本件差別行為1を受けている旨の報告を受け、原告ら母に対し、原告P2に事情を確認する旨を伝えたが、同日に原告P2に対して連絡を取ることはなかった。

イ　平成30年10月13日、横浜のしんよこフットボールパークで公式試合があり、その際、P7監督と原告P2が本件差別行為1について話し合うこ

とはなかった。

　ウ　平成30年10月14日、P7監督は、つくば校を会場とする全国大会の茨城県南地区予選の大会本部運営を担当しており、原告P2と本件差別行為1について話合うことはなかった。そうしたところ、P7監督は、同日午後7時頃、原告ら母から、電話において、「P2にまだ話してくれていない。3日も経っている。この問題を軽く考えているのか」といった発言がされたのを受け、原告P2に電話を代わってもらった上で、原告P2と本件差別行為1について話をした。

　エ　P7監督は、平成30年10月14日午後9時頃、原告ら母に対し、次の内容のメールを送信した。
　「今回は本当にすみませんでした。P2への対応が遅くなってしまったこと、電話でお母さんと冷静に話せなかったこと、お詫びします。これまでP2が苦しんできたことを思うと心が痛みます。お父さん、お母さんも悔しいでしょう。自分の観察力・指導力の無さを痛感しました。火曜に再度P2から話を聞いて、P2とお父さんお母さんが納得できるように対応します」

　オ　P7監督は、平成30年10月16日、原告P2及びチームメイト4名から聴き取りを実施し、本件差別行為1を行ったチームメイトの保護者を呼んで事情を説明したところ、当該チームメイトは原告P2に対して謝罪をした。

　カ　P7監督は、平成30年10月17日、原告ら両親に対して聴取りによって判明した事実を説明し、当該チームメイトの保護者が謝罪の意向を示していることを伝えたが、原告ら両親は保護者からの謝罪は不要であるとの意向を示した。その後、P7監督は、小学6年生全員が参加するミーティングを実施し、差別が許されないこと、サッカーに集中して打ち込める環境にしたいことについて話し合った。

　キ　P7監督は、平成30年10月18日に小学4年生、5年生を対象としたミーティングを実施し、前のミーティングで話し合った内容と同様の指導を行った。

　ク　P7監督は、平成31年2月頃まで原告P2や原告P2と仲の良いキャプテンを務めるチームメイトに定期的に声を掛けて、同様の問題が起きていないか確認をしたほか、上司である育成担当部長に対し、本件差別行為1への対応状況について、随時報告をした。P7監督から報告を受けた同部長は、育成部長を通じて、被告アントラーズの経営陣に対して状況を報告した。

ケ　原告P2は、平成30年11月頃、小学5年生のチームメイトが原告P2について、「ロシア人だから、まじできもいんだよ」といった陰口をたたいていること（本件差別行為2）をチームメイトから聞いたが、問題を大きくしないため、チームメイトに対しては内緒にしてほしいと依頼した。

2　争点(1)（原告P1に対する損害賠償責任の存否）
(1)　選考基準の不提示について
ア　(ア)　原告P1の所属するジュニアユースBチームでは、選考基準として、〔1〕練習及びフェスティバルでのプレーの改善、〔2〕ピッチ内外での立ち振る舞い、〔3〕チームへの貢献度（本件選考基準）が重要であると伝えられていたのであるから、選考基準が示されていなかったということはできない。

(イ)　原告P1は、本件選考基準は抽象的であり、これを周知しても選考基準を周知したことにならない旨を主張する。

しかしながら、サッカー選手が試合において活躍するために要求される能力は様々であり、これらを全て数値化し、管理することは困難であるし、現に、原告P1が所属するポルトガルのサッカーチームにおいても、公式試合出場の選考基準に関し、客観的な基準は提示されていない。また、出場選手に求められる能力は、所属チーム及び相手チームにおける選手の構成などの様々な要素によって変わり得るといえる。そうすると、各選手に不足する具体的な能力は、日々の練習における監督やコーチと選手との間のコミュニケーションを通じて明らかにされるべきものであるといえ、実際にそのような目的で個々の選手に対する指導が行われていた。

以上のとおり、本件選考基準が選考基準として不十分であるとはいえず、原告P1の主張は採用することができない。

イ　原告P1は、被告P6が、原告P1から公式試合に出場できない理由を尋ねられたにもかかわらず、「自分で考えろ」、「意識が足りない」などと抽象的な回答をしたにとどまったことが、被告P6に与えられた監督としての裁量の範囲を逸脱し、指導としての相当性を著しく欠き、違法であったと主張するとともに、公式試合に出場できない理由について、自分なりに考えたものの、分からなかったことから、少なくとも平成29年7月頃の被告P6との面談において1回質問したほか、普段のやり取りを通じて確認したことも

あったかもしれない旨供述する。
　しかしながら、仮に被告P6が、原告P1に対し、公式試合に出場できない理由を自分で考えるよう回答し、具体的な理由を開示しなかったとしても、不足する能力を自ら考えるよう指示することは、自ら不足する能力を発見し、改善することができる選手になるために必要な指導であるともいい得るし、原告P1の供述によっても、被告P6の回答が、その態様において、指導としての相当性を著しく欠くものであったとは認めることができない。
　したがって、被告P6の回答が指導として著しく相当性を欠き、不法行為法上違法であるとは認められず、原告P1の主張は採用することができない。
　ウ　以上のとおり、原告P1の所属するジュニアユースBチームにおいて、選考基準が示されていなかったということはできず、また、原告P1から公式試合に出場できない理由を尋ねられたことに対する被告P6の回答が、指導としての相当性を著しく欠くものであったとも認められないから、選考基準の提示に関して、被告P6に不法行為法上違法な行為があるとは認められない。
　(2)　不合理な要求について
　被告P6は、原告P1に対し、1週間にわたってサッカーの練習及び公式試合から離れるよう伝えた後、被告P6に柔道を続ける旨を伝えた原告P1に対し、家族としっかり話をするよう述べて、一時帰宅を促すとともに、その後、原告ら母と話し合った原告P1に対し、柔道の練習時に負傷する可能性など、サッカーへの影響を確認したほか、柔道の継続によりサッカーに全力で取り組むことができない場合には、不利益を被る可能性があることを伝えた。(以下「本件措置」)
　本件措置は、被告P6が、P8コーチから報告のあった原告P1の練習への参加状況を踏まえ、原告P1が柔道とサッカーの双方に取り組んでいるために、サッカーの練習に集中できていない状況が生じているものと判断し、これを解消するために行われたものであり、トップチームのレギュラーの養成を目的とするつくば校の指導として、不相当な目的によるものであったとはいえない。また、つくば校でのセレクション面接の際のやり取りをみても、原告P1は、サッカーの練習が休みの日に柔道の練習に参加したいと申し出たのに対して、つくば校側からの了承を得たにとどまるのであって、つくば校側からはつくば校での活動に支障のない範囲で柔道の練習を続けることの

了承を得ていたにすぎないのであるから、原告P1とつくば校側との間で上記のやり取りがされたからといって、本件措置が指導として不相当な目的によるものであったとはいえない。

　そして、本件措置の具体的な態様についてみると、平成30年3月10日、13日及び14日の3日間の練習に参加させず、同月11日の公式試合を欠場させたものにすぎないから、練習及び公式試合への参加がサッカースクールにおける活動にとって重要なものであることを踏まえても、本件措置が指導として不相当な態様でされたものであるとまではいえない。

　たしかに、ジュニアユースチームの監督である被告P6が、柔道を通じて負傷することによって、つくば校での練習に影響を及ぼすことは許されない旨の発言を行ったことに照らすと、原告P1において、柔道を継続するという選択をすることが容易ではない状況に置かれたともいい得る。しかしながら、最終的に原告P1は柔道を継続する旨の意思を表明し、被告P6においてもこれを了承したものであるから、結果として、原告P1が被告P6から柔道をやめるよう強いられたとまではいえない。そして、本件措置が指導として不相当な目的、態様のものであるとまではいえないことからすると、原告P1の置かれた状況のみをもって、本件措置につき不法行為における違法性が基礎付けられるものとは認められない。

　したがって、被告P6による本件措置は、その目的及び態様に照らし、指導としての相当性を著しく欠くものであったということはできず、原告P1に対する不法行為法上、違法な行為であるとは認められない。

(3)　自主練習における本件ルールの設定について

ア　本件ルールは、原告P1のチームメイトとP9コーチとの間のやり取りを契機として設定されたものであり、原告P1の自主練習についてのみ適用する目的で設定されたものではなかった。また、P9コーチは、チームメイトに対し、他のチームメイトに展開するよう依頼しているほか、被告P6に対し、次回の練習の際に本件ルールを周知するよう依頼し、これを受けて被告P6が本件ルールを周知していたのであるから、本件ルールは、ジュニアユースチームの選手全員に対し、設定されたものと認められ、原告P1にのみ課せられたルールであるとは認められない。

　したがって、本件ルールの設定が原告P1に対する不法行為法上、違法な行為であるとは認められない。

そして、原告P1は、本件ルール設定以前の平成29年4月頃、つくば校の練習場を使用する際には事前にスタッフへの連絡を求められたと供述し、これに沿う事実が認められるが、他のチームメイトにおいても、同年5月7日及び同月14日に、P9コーチに自主練習のための練習場の使用の許可を求める連絡をしていたと認められることからすれば、その時点におけるルールについても、原告P1にのみ課されていたとはいえない。

イ　原告P1は、原告P1に対してのみルールが設定されたと主張し、そのように考えた理由として、原告P1の知らないところでチームメイトが自主練習をしているのを見たことがあったこと、チームメイトから原告P1が自主練習の有無を確認する理由を尋ねられたことを供述する。

しかしながら、本件ルールを認識していないチームメイトや遵守していないチームメイトがいたという事実があるとしても、それによって直ちに本件ルールが原告P1にのみ、又は一部の選手にのみ課されていたと推認されるものではないし、他に原告P1に対してのみルールが設定されたことをうかがわせる的確な証拠もない。

したがって、原告P1の主張は採用することができない。

ウ　以上によると、自主練習に関する本件ルールの設定について、原告P1に対する差別的な取扱いがあったとは認められず、被告P6に不法行為法上、違法な行為があるとは認められない。

(4)　小括

以上のとおり、被告P6は、監督として与えられた裁量の範囲を逸脱する違法な行為を行ったものとは認められないから、不法行為に基づく損害賠償責任を負うものとは認められない。

3　争点(2)（原告P2に対する損害賠償責任の存否）

(1)　P7監督の注意義務違反について

ア　原告P2は、P7監督には、本件差別行為1に対して迅速に対応しなかった注意義務違反があったと主張する。

たしかに、P7監督が本件差別行為1に関し、原告P2から初めて事情を聴取したのは原告ら母から督促を受けた平成30年10月14日であり、原告P2を含む、関係する選手に対する事実確認を行ったのは同月16日であって、原告ら母から本件差別行為1に関する報告を受けた同月12日から数日が経過

していた。
　しかしながら、本件差別行為1が原告P2の人種や国籍に着目してされたものであり、関係者に十分な事実確認を実施し、必要に応じて適切な指導をするなど、慎重に対応すべき案件であったことに加え、平成30年10月13日には監督を務めるジュニアクラスの公式試合が、同月14日には大会本部運営を担当する全国大会の地区予選がそれぞれ開催されていたのであるから、P7監督が直ちに対応することが困難な状況にあった。
　そして、P7監督は、平成30年10月14日に実施された大会の後に、原告ら母から催促の電話を受けたことを契機とするものの、原告P2から一応の事情を聴取した上、本件差別行為1に関する報告を受けてから4日後の同月16日には事実確認を行い、その翌日には原告ら両親に状況の説明を行っていることからすれば、P7監督の対応が迅速でなかったということはできない。
　したがって、P7監督が本件差別行為1に対して迅速な対応をとらなかったことを前提とする原告P2の主張は採用することができない。
　イ　原告P2は、P7監督には、新たな差別行為を防止するための具体的な対策を講じないまま、本件差別行為2を看過した注意義務違反があったと主張する。
　しかしながら、P7監督は、本件差別行為1に関する事実確認を行った後、ジュニアクラスの選手との間で、差別が許されないこと、サッカーに集中して打ち込める環境にしたいことについて話し合っていたのであるから、本件差別行為1と同様の差別行為の発生を防止するための相応の対策を講じていたといえる。
　また、P7監督は、原告P2やキャプテンを務めるチームメイトに対して定期的に声掛けを行って、状況の把握に努めてもいた。
　したがって、P7監督は、相応の対策を講じていたと認められるのであって、何ら具体的な対策を講じないまま、本件差別行為2を看過したとはいえないから、これを前提とする原告P2の主張は採用することができない。
　(2)　被告アントラーズの債務不履行について
　原告P2は、被告アントラーズが、組織として、本件差別行為1に関する事実調査や原因究明、再発防止策を講ずるなどの対応をとらなかったと主張する。
　しかしながら、P7監督は、数日内に、本件差別行為1と同様の差別行為の

発生を防止するための相応の対策を講じた上、上司である育成担当部長に対し、本件差別行為1に関する状況の報告を随時行っており、また、同部長の上司である育成部長から経営陣に対しても状況の報告が行われていたのであるから、被告アントラーズが、組織として、本件差別行為1に関する相応の対応を行っていたものということができる。

したがって、被告アントラーズは、組織として、相応の事実調査や原因究明、再発防止策を講じていたと認められるのであるから、原告P2の主張採用することができない。

4 総括
(1) 被告P6は原告P1に対して不法行為責任を負わないから、被告P6の不法行為責任を前提とする被告アントラーズの使用者責任も認められず、原告P1の被告らに対する請求は認められない。
(2) P7監督は原告P2に対して不法行為責任を負わないから、P7監督の不法行為責任を前提とする被告アントラーズの使用者責任は認められず、また、被告アントラーズは原告P2に対して債務不履行責任を負わず、原告P2の被告アントラーズに対する請求は認められない。

第4 結論
以上の次第で、原告らの請求は、その余の点を判断するまでもなく、いずれも理由がないから、これらを棄却することとして、主文のとおり判決する。

・ 4-② 会員資格無期限停止処分無効確認請求事件(東京地方裁判所 平成27年3月31日判決)
主文
1 被告が原告に対し、平成25年12月6日付けでした会員資格無期限停止処分が、無効であることを確認する。
2 訴訟費用は被告の負担とする。

事実及び理由
第1 請求
主文第1項に同旨

第2　事案の概要

1　被告は、空手道の普及奨励を事業とする公益財団法人である。原告は、平成25年12月6日当時、被告の会員であった。また、原告は、同年8月30日まで、宇都宮文星女子高等学校の護身道部の監督（外部講師）を務めていた。

同年12月6日、被告は、原告に対し、その会員資格を無期限停止とする処分（以下「本件処分」）をした。その理由は、同年8月6～9日に長崎県内で開催された全国高等学校総合体育大会（インターハイ）の会場又は練習場において、原告が護身道部の指導中に体罰（以下「本件体罰」）を行い、それが被告の倫理規程4条1項違反に当たる、というものであった。同規程4条1項は、「本連盟関係者は次の行為をしてはならない。(1)身体的・精神的暴力（バイオレンス）行為をすること（以下略）」と規定している。

2　本件において原告は、「〔1〕原告が本件体罰を行った事実はなく、また、〔2〕原告に十分な弁明の機会が与えられなかったから、本件処分は無効である」旨主張して、被告に対し、本件処分の無効確認を求めている。

3　これに対し、被告は、「〔1〕原告が本件体罰を行った事実は存在し、〔2〕原告には十分な弁明の機会が与えられているから、本件処分は無効ではない」旨主張している。

第3　当裁判所の判断

1　本件体罰の存否について

原告による本件体罰の存在を推認させる方向に働く事情としては、〔1〕原告自身が、宇都宮文星女子高等学校のC学校長（以下「C校長」）宛ての平成25年8月30日付け「始末書」（以下「本件始末書」）を作成し、そこに「私は、長崎インターハイで体罰をしました。責任をとり、教師として辞職いたします」と手書きして、これをC校長に提出し、これを受けたC校長が、公益財団法人全国高等学校体育連盟の空手道専門部部長に対し、同年9月2日付け報告書により、本件体罰について「本人及び部員に対し調査した結果、事実と確認されました」と報告していること、〔2〕「宇都宮文星高校の空手部の監督が、生徒に体罰をしている行為が、近隣の方に見られ、注意を受けています」と述べる電子メールが大分県教育庁に送信され、また、「栃木県文星高校のかんとくが生徒へ何発もなぐっている所を見ました」と述べる手紙が長崎

県教育庁体育課に送付されていること、〔3〕被告が、同年11月27日付け文書により、原告に対し、本件体罰に関する「報告書の内容について事実と違背する点またはご意見があれば、本書到達後7日以内に当連盟宛に文書をもってご提出されるよう通知」しており、さらに、同年12月19日付け文書により、原告に対し、本件処分をした旨通知するとともに、「不服の場合は、本通知到着後14日以内に、一般財団法人日本スポーツ仲裁機構に書面をもって上訴を申し立てることができる」との教示をしているにもかかわらず、原告が各期間内に何ら異議を述べなかったこと、などが見受けられる。

しかしながら、まず上記〔1〕については、原告が本人尋問において「生徒やC校長に迷惑をかけられないと思ったので、提示された文案どおりに本件始末書を書いた」旨述べているところ、C校長も、被告申出による証人尋問においては、「原告に話を聞いた際、原告は『肩を叩くか押すかして、気合いを入れたことはあるが、暴力を振るった事実はなく、そのつもりもない』という趣旨のことを述べていたものの、『学校に迷惑はかけられない』と言って本件始末書を書いた」旨及び「生徒指導の教員が護身道部の生徒8名前後にも話を聞いたが、生徒たちは直筆の書面で『頼んで気合いを入れてもらっています』と述べた」旨の証言をしており、かかる供述状況も考慮すると、原告が本件始末書を作成した事実をもって本件体罰の存在を推認することは困難である。上記〔2〕については、送信者・送付者が不明であり、そのためその具体的な目撃内容も不明であり、護身道部の生徒が「気合いを入れてもらった」と述べていることも考慮すると、これらの電子メールや手紙の存在をもって本件体罰の存在を推認することも困難である。上記〔3〕については、上記〔1〕及び〔2〕の証拠価値が上記の程度にとどまる以上、原告のそのような対応のみをもって本件体罰の存在を推認することは困難である。

その他、原告が本件体罰を行った事実を認めるに足りる証拠はなく、同事実を認定することはできない。

2 結論

以上の通り、本件処分の根拠とされた事実が認められない以上、その余の争点につき判断するまでもなく、本件処分は無効であるといわざるを得ない。（中略）よって、原告の請求は理由があるので、主文のとおり判決する。

5 15条に関係する裁判例

〔15条〕「国は、スポーツに関する紛争の仲裁又は調停の中立性及び公正性が確保され、スポーツを行う者の権利利益の保護が図られるよう、スポーツに関する紛争の仲裁又は調停を行う機関への支援、仲裁人等の資質の向上、紛争解決手続についてのスポーツ団体の理解の増進その他のスポーツに関する紛争の迅速かつ適正な解決に資するために必要な施策を講ずるものとする」

・地位確認等請求事件（東京地方裁判所 平成22年4月19日判決）

主文
1 原告らの請求をいずれも棄却する。
2 訴訟費用は原告らの負担とする。

事実及び理由

第1 請求
1 被告は、原告露鵬が被告の幕内力士の地位にあることを確認する。
2 被告は、原告白露山が被告の十枚目力士の地位にあることを確認する。
3 被告は、原告露鵬に対し、平成20年10月から本判決確定の日まで、毎月25日限り、月130万9000円ずつの金員を支払え。
4 被告は、原告白露山に対し、平成20年10月から本判決確定の日まで、毎月25日限り、月103万6000円ずつの金員を支払え。

第2 事案の概要

本件は、被告が、力士である原告らに対し、平成20年9月8日、解雇（以下「本件解雇」）したことについて、原告らは、これが無効であると主張し、幕内力士（原告露鵬）又は十枚目力士（原告白露山）の労働契約上の地位の確認を求め、あわせて、労働契約に基づく賃金請求権として、同年10月から本判決確定の日までの賃金月額（民法所定の遅延損害金）の支払を求める事案である。

1 前提事実
(1) 被告は、日本国固有の国技である相撲道の維持発展と国民の心身の向

上への寄与を目的とし、力士、行司の育成及び力士の相撲競技への公開実施の事業を行う財団法人である。

　原告らは、いずれもロシア国籍を有し、平成14年2月に来日し、同年5月場所に初土俵を踏んだ被告所属の力士であり、平成20年9月場所の番付は、原告露鵬が西前頭三枚目、原告白露山が東十両六枚目であった。

　(2)　被告は、平成20年9月8日、原告らが大麻を使用したことは、相撲道の本旨に反し、被告の信用、名誉を毀損したものとして、本件解雇の意思表示をした。

　(3)　被告寄付行為施行細則95条は、年寄、力士の協会所属員として、相撲の本質をわきまえず、協会の信用又は名誉を毀損するような行動をした者、品行不良で協会の秩序を乱し、勤務に不誠実のためしばしば注意しても改めない者に対し、役員・評議員・横綱・大関の現在数の4分の3以上の特別決議により、除名することができることを、同施行細則96条は、年寄・力士・行司及びその他協会所属員に対する賞罰は、譴責（けんせき）・給与減額・出場停止・番付降下・解雇の5種とし、理事会の議決により行う旨を規定している。

　(4)　本件解雇当時の原告露鵬の給与は月額130万9000円（基本給金90万円、手当金40万9000円）、原告白露山の給与は月額103万6000円（基本給金75万円、手当金28万6000円）である。

2　争点
　(1)　原告らの労働者性（争点1）
　(2)　本件解雇の有効性（争点2）

第3　争点に対する判断
1　認定事実
　(1)　被告は、平成20年2月13日～15日、19日の4日間、相撲部屋の一門別に6回に分け、各部屋の年寄、力士らを、順次、国技館大広間に集め、ドーピング管理の説明会を行った。この説明会において、被告は、「日本相撲協会ドーピング防止手帳」（薬物使用は、相撲道に反し、処罰されること、禁止物質としてカンナビノイド、大麻が明記されている）を配布し、薬物使用を厳禁する旨、注意喚起した。
　幕内力士若ノ鵬（ロシア国籍）は、同年8月18日、大麻所持容疑で逮捕さ

れ、被告は、同月21日、若ノ鵬を解雇した。

被告の再発防止検討委員会（以下「委員会」）は、同月29日ころ、力士に薬物濫用がないかを確認する簡易検査を、同年9月2日に抜き打ちで行うことを決めたが、不受検者の取扱いや、陽性の結果が出た場合にどうするのかについては決めなかった。委員長（被告理事）の伊勢ノ海親方は、同日、被告理事長の北の湖親方に対し、簡易検査を実施すること、陽性反応が出た場合は師匠と本人のみに告げることを報告した。委員会は、同日、尿検査を実施する旨公表した。

(2)　被告は、平成20年9月2日、力士会の後の午後1時過ぎから、相撲教習所で、十両以上の力士を対象とし、薬物使用を検査するための簡易検査（以下「本件簡易検査」）を実施した。対象力士69名のうち、力士会を欠席した1名は、本件簡易検査が行われなかった。

本件簡易検査は、委員会委員のD医師ら4名の検査員と、伊勢ノ海親方、委員会委員友綱親方らにより行われた。力士は、番付上位から指名され、机上の尿検査用紙コップから1つを選択し、これに名前を記載した。力士は、委員の監視の下、トイレで紙コップを持って尿を採取し、検査員の前に運んだ。検査員は、力士の前で、使い捨て簡易検査キットで検査し、結果を確認した。簡易検査キットは、大麻反応が陰性ならラインが出現し、陽性なら出現しない。

原告露鵬は3回、原告白露山は2回検査し、いずれもラインが出現しないことが4人の検査員により確認された。若麒麟は、1回目に薄いラインが確認できたが、念のため、2、3回目も実施し、いずれも薄いラインが出現したことを4人の検査員で確認した。検査結果は、簡易検査キットが陽性の場合に写真を撮ることとされ、原告らの簡易検査キットの写真が撮影された。若麒麟その他の力士の簡易検査キットは撮影されず、廃棄された。

検査員は、本件簡易検査後、相撲教習所にいた委員らに対し、原告らはラインが確認できず陽性であること、若麒麟はうっすらとラインが確認できるので陰性であると説明した。D医師は、医師の義務で、原告らの検査結果を警察に通報すると述べ、警察に通報することになった。友綱親方は、同日午後3時ころ、事前に北の湖理事長に報告することなく警察に通報した。

その後、伊勢ノ海親方は、理事長室に行き、原告らの本件簡易検査結果が陽性であったことを、北の湖理事長に報告した。

(3) 委員会委員らは、精密検査を受けるかを原告らに確認した。原告らは、大麻使用の疑いを晴らすために精密検査を受けることを希望し、待機した。

平成20年9月2日午後5時ころ、JADA（日本アンチ・ドーピング機構）事務局に精密検査キットを取りに行った検査員が相撲教習所に戻ってきた。精密検査キットには、ボトル2本（A、B）が入っていた。検査員が、公式記録書に必要事項を記入し、同日午後5時4分、原告らに検査実施を通告し、原告らは、公式記録書に署名した。原告らは、簡易検査で尿を出した後であり、緊張もしていたことから、なかなか尿が出ず、1回の採尿で十分な量の尿を確保できなかった。原告らは、尿を出すため、水を飲むなどした。原告らは、用事があるので帰りたい旨述べたが、委員会委員らは、精密検査が終わるまでは帰ってはいけないと述べた。

友綱親方が、原告露鵬の師匠の大嶽親方に電話をかけて呼び出した。大嶽親方は、原告らが本件簡易検査で陽性であったと聞いたので、質したところ、原告露鵬は大麻使用を否定した。大嶽親方は、原告らが尿を出したらおしまいだと思い、原告らに対し、帰るよう述べた。委員会委員らは、尿を提出するまで原告らを帰すことはできないと述べた。<u>伊勢ノ海親方が、原告らを解雇しないから、尿を出すよう述べたので、</u>大嶽親方は、原告らに対し、尿を出すよう述べた。原告白露山は、午後6時40分、原告露鵬は、午後6時45分、それぞれ検査に足る量の採尿を完了した。

採尿終了後、原告らは、複数ある精密検査キットから1つを選んだ。正式な手順では、被験者が、採尿コップと検査キットを選択し、自ら尿を採取して、これをA、B検体に分割して封印することになっていた。実際には、原告らは、いずれも、Aボトルの封印をはがし、蓋を開けて、採尿した尿をAボトルに分注し、その蓋を閉めたが、警察から尿の提出を求められる可能性を考えたD医師の指示により、Bボトルには尿を分注しなかった。

本件精密検査終了後、原告らは、通報により相撲教習所に来ていた警察の担当者に連れて行かれた。

その後、原告らの尿を警察に提出しないことになり、検査員が、原告らの尿をBボトルに入れた。検査員は、原告らのA、B検体を搬送バッグにしまい、冷蔵庫に入れた。

被告は、本件簡易検査の結果について不正確な情報が流布していたことから、同日午後8時ころ、原告らの本件簡易検査結果が陽性であったことをマ

スコミに明らかにした。

(4) 検査員は、平成20年9月4日、原告らの検体を精密検査実施機関の三菱化学メディエンス株式会社に持ち込んだ。同月5日、同社は被告に対し、A検体による本件精密検査結果が連絡された。本件精密検査結果は、WADA（世界ドーピング防止機構）における大麻陽性の基準値が15 ng/mlであるところ、原告露鵬が72.9 ng/ml、原告白露山が144.0 ng/mlと陽性であった。

被告は、同月6日、原告露鵬、代理人弁護士、原告露鵬の師匠の大嶽親方に対し、本件精密検査結果、B検体の再検査が可能であること、原告らが再検査を希望しなければA検体の検査結果を最終的なものとして取り扱うことを説明した。原告露鵬は再検査を希望しなかった。被告は、同日、原告白露山の師匠の北の湖理事長に電話連絡し、原告露鵬に対するのと同様の説明をした。原告白露山は、北の湖理事長を通じて再検査を希望しない旨答えた。同月8日、委員会は、原告らを個別に国技館に呼び出し、改めて精密検査の結果を説明し、事情を聴取した。原告らは、いずれも大麻を使用したことはないと弁明した。被告は、同日、理事会で原告らを解雇することを決定し、原告らを解雇した。

原告らが大麻を使用した事実及び本件解雇は、広く報道機関で報道された。

2 本件解雇の有効性（争点2）の検討

(1) 本件解雇理由について

本件簡易検査及び本件精密検査の対象となったのが原告らの尿であること、いずれの検査結果でも、原告らの尿から大麻の陽性反応があったことが認められる。原告らは、自分たちは大麻を吸引しておらず、この検査結果は疑わしいと主張する。しかし、本件簡易検査及び本件精密検査のどの過程においても、原告ら以外の者の尿が混入する可能性を指摘できないのであるから、原告らのこれらの主張は、陽性結果の判断を左右するものではない。したがって、原告らが大麻を使用したとの本件解雇理由が存在することは、肯定することができる。

(2) 解雇権濫用の主張について

被告は、「日本相撲協会ドーピング防止手帳」を力士に配布しており、その中には、薬物使用が相撲道に反し、薬物使用は処罰され、大麻は禁止物質で

あることが明記されており、力士に対して大麻使用を禁止していたこと、本件簡易検査及びそれに引き続く本件精密検査は、力士に薬物濫用がないことを世間に明らかにすることを目的に実施したところ、原告らが大麻を使用したという検査結果が出て、広く報道されたという事情が認められる。このような被告の力士に対する関係で、薬物濫用を強く禁止していたという態度に加えて、近時、大麻を含む薬物濫用が深刻な社会問題となりつつあることは公知の事実であることに鑑みれば、被告が、力士について薬物濫用の事実を否定するために行った本件簡易検査及び本件精密検査の結果、大麻使用が認められた原告らを解雇したことは、こうした社会情勢に照らして、いわば当然の事理であるものといわなければならない。してみると、本件解雇理由が認められる以上、被告として、原告らが大麻を使用したことが、被告の信用、名誉を毀損する行動であるとして、これを理由に解雇することが、客観的に合理的な理由を欠き、社会通念上相当でないとして、権利濫用に当たると評価される余地はないといわなければならない。

　また、原告らは、被告における前例との均衡を失していると主張するが、本件と事例も時代背景も異なる前例と比較すること自体、その主張は失当であるといわなければならない。また、大麻所持で逮捕されて解雇された若ノ鵬の事例との均衡についていえば、たしかに大麻取締法は、所持が処罰の対象とするのに対し、使用は処罰の対象としていない。しかし、薬物濫用に対する被告の姿勢ないし社会情勢に照らせば、処罰の対象とならない行動だからといって、薬物濫用をした原告らに対する本件解雇が、権利濫用と評価すべきであるとはいえない。

　次に、原告らは、他のスポーツでの処分事例との均衡を失していると主張するが、これらの事例が、国技と称され、報道機関をはじめとする世間の耳目を引く相撲と単純に比較することが適切とはいえないのであり、他のスポーツでの大麻に関する処分事例と比較して、本件解雇の権利濫用と評価されるか否かを論じることは適当でないものと考えられるのであり、その意味でも、原告らの主張を採用することはできない。

(3) 本件精密検査手続の適正性について

　原告らは、本件精密検査には、受検の意思を確認する際、原告らに対する不利益告知がなく、また、被告の理事であり、委員会委員長である伊勢ノ海親方の原告らを解雇処分にしない旨の発言を信じた原告露鵬の師匠である大

嶽親方の指示により提出された尿についての精密検査の結果により本件解雇がなされた事情があり、憲法31条（適正手続）の趣旨に著しく反するから、本件解雇は、公序良俗違反として無効である旨主張する。

本件簡易検査及び本件精密検査は、力士に薬物濫用がないことを確認する手続であって、力士を処分することを直接の目的とする手続ではないことから、そもそも適正手続の問題になり得るか自体が疑問ではあるが、いわゆるクリーンハンドの原則に照らした信義則の問題として、以下、検討する。

不利益告知が欠如しているとの点についていえば、被告は、力士に対し、大麻使用を禁止していること、平成20年8月21日、大麻所持容疑で逮捕された若ノ鵬を解雇しており、この事実は周知されていたという各事実に照らせば、不利益告知が欠如しているとして、信義則上問題になり得るとは考え難い。こうした事情及びその後の原告らの態度とも照らせば、原告らは、本件精密検査を受検するに際し、その結果によっては不利益を受ける可能性があることを認識し得ていたと考えられるのであり、いずれにしても、不利益告知がなかったことから直ちに、本件精密検査手続に、本件解雇を無効とするような違法があるとはいえない。

次に、被告の理事であり、委員会委員長でもある伊勢ノ海親方が、原告露鵬の師匠である大嶽親方に対し、原告らを解雇しないから尿を出すようにと発言したことについて検討する。たしかに、この発言が、原告らが尿を提出したきっかけになったことは否定できないが、原告らは、大麻使用の疑いを晴らすために、むしろ積極的に本件精密検査を受けることを希望しており、原告らが、尿を出さなかったのは、本件簡易検査で尿を出した後で、緊張もしていたことからなかなか尿が出なかったからであり、尿を提出することを渋っていた原告らが、伊勢ノ海親方の発言に騙されて尿を提出したものとは言えず、基本的に尿を提出する方向にあった原告らが、この発言をきっかけに尿を提出したに過ぎないのである。また、そもそも、被告において解雇を決定するのは理事会なのであり、解雇の決定権限がない伊勢ノ海親方の発言によって、被告が、原告らを解雇処分にしないことを保障ないし約束したとまで評価することはできない。そうすると、伊勢ノ海親方の発言がきっかけとなって尿の提出がされたことから、直ちに本件解雇の効力を無効とするような違法が本件精密検査の手続であるということはできない。

また、本件精密検査の際に、B検体が原告らによって封印されなかったこ

とについていえば、たしかに、尿の検体への封印は、被験者自身により行われる方が適切ではあろう。しかしながら、いずれにしても、本件精密検査は、原告らが封印したA検体の尿を対象としたものであるという事情も認められるのであり、手続の一部が、比較的適切ではない手法によったからといって、そのことから直ちに本件解雇を無効とするような違法が本件精密検査手続にあるということはできない。

　以上のとおり、本件精密検査手続には、本件解雇を無効とするような違法があるとはいえないから、原告の主張には理由がない。

(4)　本件簡易検査の手続の適正性について

　原告らは、本件解雇理由の根拠である本件精密検査の結果が、杜撰な簡易検査手続を前提としていることから適正手続に反しており、本件解雇は公序良俗に反し、無効である旨主張する。

　本件簡易検査手続に適正手続違反の事情があることが、直ちに本件解雇の違法性を根拠付けるとは言い難いが、上述と同様の意味における信義則の観点から検討する。

　本件簡易検査には、不受検者が1名いたこと、また、不受検者の取扱いや陽性の結果が出た場合にどうするのかについて事前に決まっていたわけではなかったこと、検査実施前に、伊勢ノ海親方が、北の湖理事長に対し、陽性反応が出た場合は師匠と本人のみに告げると報告していたのに公表されたこと、原告ら以外の本件簡易検査結果は写真撮影されていない事実が認められるのであり、これらから、原告らが被告に対して不信感を抱いたという事情は認められる。しかし、仮にこれらの各事情により、本件簡易検査に杜撰の誹りを受け得るとしても、本件簡易検査に引き続く本件精密検査によって、原告らが大麻を使用したことは明らかなのであり、いずれにしてもこれらの事実によって、本件解雇を無効とするような違法が本件簡易検査手続にあるということはできない。したがって、原告らの主張には理由がない。

(5)　本件解雇手続の適正性について

　原告らは、被告が、本件解雇に際し、ロシア人である原告らに対し、ロシア語通訳を付した弁明の機会を与えていないとして、適正手続の趣旨に著しく反しており、本件解雇が公序良俗違反として無効であると主張する。

　そもそも、被告における解雇の手続において、どの程度の弁明の機会を与えるかについて、手続を定めた規定が存在していないが、被告は、原告露鵬

に対し、弁護士及び師匠立会いの上での弁明を含め2回の弁明の機会を与えていること、原告白露山に対し、師匠を通じた電話での弁明を含めると2回の弁明の機会を与えていること、原告らが大麻を使用したことはない旨弁明していたことという各事情が認められる。また、原告らは、少なくとも以上の過程を理解する程度には、相当程度の日本語会話能力があることが認められる。以上によれば、本件解雇に際して、原告らに弁明の機会が与えられておらず、解雇の手続に違法性をもたらすものと評価される余地はないものといわなければならない。そうすると、原告らの主張を採用することはできない。

(6) 小括

以上のとおり検討したところによれば、本件解雇は、客観的に合理的な理由を欠き、社会通念上、相当でない場合として権利濫用に当たるとも、適正手続の趣旨に著しく反した違法なものであるともいえず、無効な法律行為であるということはできない。

第4　結論

以上によれば、その余の点を判断するまでもなく、原告らの本件請求は、理由がないことは明らかであるから、これらをいずれも棄却することとし、主文のとおり判決する。

6 26条2項に関係する裁判例

〔26条2項〕「全国障害者スポーツ大会は、財団法人日本障害者スポーツ協会（昭和40年5月24日に財団法人日本身体障害者スポーツ協会という名称で設立された法人をいう。以下同じ。）、国及び開催地の都道府県が共同して開催するものとし、これらの開催者が定める方法により選出された選手が参加して総合的に運動競技をするものとする」

・損害賠償請求事件（東京地方裁判所　平成18年11月7日判決）

主文

1　被告は、原告財団法人日本障害者スポーツ協会に対し、330万円を支払え。

2　被告は、原告北郷勲夫に対し、220万円を支払え。
3　被告は、原告らに対し、被告発行の週刊誌「週刊現代」上に、別紙記載の記事を、同記載の条件で1回掲載せよ。
4　原告らのその余の請求をいずれも棄却する。
5　訴訟費用はこれを10分し、その1を被告の負担とし、その余は原告らの負担とする。

事実及び理由
第1　請求
1　被告は、原告財団法人日本障害者スポーツ協会に対し、3300万円を支払え。
2　被告は、原告北郷勲夫に対し、2200万円を支払え。
3　被告は、原告らに対し、被告発行の週刊誌「週刊現代」並びに日本経済新聞、朝日新聞、読売新聞、毎日新聞及び産経新聞の各朝刊全国版社会面広告欄に、別紙記載の謝罪広告を、同記載の条件で1回掲載せよ。

第2　事案の概要
　本件は、原告財団法人日本障害者スポーツ協会（以下「原告協会」）及び原告協会の代表者を務める原告北郷勲夫（以下「原告北郷」）が、被告が発行した週刊誌「週刊現代」に掲載された記事によって名誉を毀損されたとして、不法行為による損害賠償請求及び民法723条に基づく名誉回復のための適当な処分として、被告に対し、原告協会において、損害賠償金3000万円、弁護士費用300万円の各支払い、原告北郷において、損害賠償金2000万円、弁護士費用200万円の各支払い、原告らにおいて、同週刊誌上及び日本経済新聞、朝日新聞、読売新聞、毎日新聞、産経新聞の各紙上への謝罪広告の掲載を求めた事案である。

1　基礎的事実
（1）当事者
　ア　原告協会は、障害者スポーツの振興とその他社会復帰に援助をはかり、わが国障害者の福祉の増進に寄与することを目的とし、障害者のスポーツ大会の開催援助や障害者のスポーツの調査研究、広報等の事業を行う財団法人

であり、代表者（会長）は平成7年から原告北郷が務め、平成11年8月までは、日本身体障害者スポーツ協会という名称であった。

また、日本パラリンピック委員会（JPC）は、原告協会の寄附行為において、その一部門と位置付けられている。

原告北郷は、昭和33年に旧厚生省に入省し、平成2年には社会保険庁長官を務めるなどの経歴を有し、平成16年当時、国民健康保険中央会理事長であるとともにJPC委員長でもあった。

イ　被告は、雑誌及び書籍の出版販売等を目的とする会社で、週刊誌「週刊現代」等を発行している。同週刊誌の発行部数は、平成15年において、全国で約81万部であった。

(2)　サッカー世界選手権大会の開催

国際知的障害者スポーツ連盟（INAS-FID）によるサッカー世界選手権大会は、平成14年8月8日から同月25日まで、東京スタジアムほかにて開催された。

(3)　日本パラリンピック委員会（JPC）運営委員会の開催

平成16年度日本パラリンピック委員会第1回運営委員会は、平成16年4月15日に開催された。

(4)　記事の掲載及び週刊誌の発売

ア　被告は、平成16年5月15日を発行日として、同年4月26日、「週刊現代」第46巻第19号（5月8・15日合併号）を日本全国で発売した。これには、表紙に「差別発言連発！パラリンピック委員長が障害者を侮辱」とのコピーがあり、48頁から51頁において、「ひどすぎる　パラリンピック委員長が障害者を侮辱　食い物に！」との見出しが付され、記事冒頭に、「『あの男には障害者に関わる資格はない。障害者に対して向けるあの男の目。それが問題なんだ』。障害者スポーツ団体の関係者は、口を揃えて本誌に訴えた。来るアテネパラリンピックをはじめ、日本の障害者スポーツを牛耳る男の正体は、差別意識を丸出しにした天下り官僚だった」との解説の下、全4頁の記事（以下「本件第一記事」）が掲載されていた。

本件第一記事には、次のような部分がある。

(ア)　サッカー世界選手権大会初日における原告北郷の発言

A　平成14年8月8日、サッカー世界選手権大会の初日に、「高円宮妃が出席するとの報告を受け、スタッフはロイヤルシートの準備など、なにも用

意ができていないことに慌てた。組織委員会から高円宮妃が出席する可能性があったことを聞かされていなかったスタッフは、スタジアムの入り口で北郷氏にそのことを尋ねた。すると北郷氏は、苛立ってこう答えた。『あんな者は、(ロイヤルボックスのある) 3 階に上げておけばいい』また、こうも言った。『急に来やがって』」。

B　その直後、「あえて北郷氏が言った通りに表記する。彼はこう言い放ったのだ。『あんたたちにまかせるから、勝手にやってくれ。どうせ、びっこをひいているヤツらにできるわけないんだから』」、「『見ていてごらん、ヤツらに何ができるか』とも言ってました」。(前出と別の大会スタッフ)

(イ)　サッカー世界選手権大会前の原告北郷の発言

平成 13 年初頭、障害者スポーツに携わる関係者の間で話合いがもたれ、静岡県御殿場市における全日本チームの練習を視察に行くという提案が議題に上った際、「その席でした。北郷氏は『まさかあいつら、奇声を発して走るんじゃないだろうな』と、発言しました。さらに、『知的障害者がサッカーなんかできるのか』とも言いました。そんなバカなことを平気で言ったんですよ」。(日本サッカー協会関係者)

(ウ)　原告協会における原告北郷の権限集中と独裁

A　「両組織のトップである北郷氏に、障害者スポーツにまつわる絶大な権限が集中し、それ故に、傲慢な振る舞いがまかり通っている」。

B　「JPC が設立された当初は、障害者スポーツ協会からの独立を目指すことが謳われていたのですが、北郷さんは『まだその時期ではない』と、独立に強硬に反対しました。JPC は一部の幹部に決定権が集中し、選手の中には不満をもつ人も多いのですが、自分の所属する団体が協会や委員会から睨まれれば、大会に出場することもかなわなくなるのではと怯え、発言できないのです」。(JPC 委員の一人)

(エ)　原告北郷についてのマルダー INAS-FID 会長 (以下「マルダー会長」) の発言

A　「マルダー氏が、北郷氏についてどう感じているのかを聞いた。『北郷氏が差別発言をしたことは聞いており、見過ごせません。最も障害者の立場に立った言動をしなければならない北郷氏が、そのような見解をもっているのならば、日本の障害者スポーツの振興や発展は難しいでしょう』」。

B　「ちょうど大会期間中に INAS-FID 本部のテクニカル・ディレクター

の選挙があり、自分の子飼いの人間を送り込めなかった北郷氏は、『この選挙は、日本障害者スポーツ協会とは関係なく行われたものですよね』と、しきりに確認してマルダー氏をウンザリさせた」、「今回の選挙は、オランダの本部で勝手に決めたことだと念を押したわけです。その代わり、彼らが日本にINAS-FIDの支部をつくる際には、日本障害者スポーツ協会の長である自分の意向を無視するわけにはいかないぞ、というプレッシャーを与えたかったのでしょう」。(INAS-FIDの関係者)

(オ) 原告北郷についてのマリー・リトルINAS-FIDアジア・南太平洋地域委員会会長(以下「リトル会長」)の発言

「INAS-FIDアジア・南太平洋地域委員会のマリー・リトル会長も、北郷氏の人格に疑問を呈している。『北郷氏は知的障害者のスポーツ振興に興味がないばかりか、非協力的という印象をもっています。アジア・南太平洋地域委員会が発足してから、一度も会費を納めていませんし、話し合いに応じようともしない。日本の障害者スポーツの代表としての見識を疑いますし、職務を全うしていないと考えています』」。

(カ) 不透明なビジネス

「今年はアテネパラリンピックの年である。…ここにきて、差別発言以外にも北郷氏に関する悪評は噴出し始めた。パラリンピックをはじめ、障害者スポーツ大会を巡るカネの流れについて、北郷氏の周囲にはクビを傾げたくなる不審な点があるのだ。カギを握るのが、広告代理業『日本パラリンピック株式会社』(本社・東京都中央区)の存在だ」、「いまはさほど利益を上げているように見えませんが、北郷さんと浅生さんが、アテネパラリンピックのタイミングで、広告事業を独占することを狙っているとしたら…。北郷さんは'02年の大会の準備委員会で、はっきりこう言いました。『浅生にカネ集めをやらせる』とね(INAS-FIDの幹部の一人)」、「北郷氏の罪は、障害者に対する差別意識をさらけ出したことだけに止まらない。障害者を隠れ蓑にして、不透明なビジネスも展開していたのだ」などの日本パラリンピック株式会社とのかかわりに関するもの。

イ 被告は、平成16年5月22日を発行日として、同年5月7日、「週刊現代」第46巻第20号(5月22日号)を日本全国で発売した。これには、210頁から212頁において、「怒りの追及第2弾 日本パラリンピック委員長の不正経理工作をバラす」との見出しが付され、記事冒頭に、「日本パラリンピッ

ク委員会トップの障害者差別発言。『この男を追い出さない限り、障害者スポーツ界は浄化されません』という関係者の声。しかもこの男、架空領収書を障害者に書かせ、不透明な経理工作までしていたのだ」との解説の下、全3頁の記事（以下「本件第二記事」。これに本件第一記事を併せ、以下「本件各記事」）が掲載されていた。

　本件第二記事には、次のような部分がある。

　(ｱ)　JPC第一運営委員会における原告北郷の発言

　平成16年4月15日に開催された運営委員会において、「北郷氏は、『そんな障害の人間が満足にテニスができるのか』、『手が使えないのに、車椅子がこげるのか』などと言いました」。

　(ｲ)　原告協会の架空領収書問題

「本誌に対し、協会の不正経理を暴く証言者まで現れたのだ。『日常的に架空の領収書を書かされていました。何枚書いたか覚えきれないほどです』」、平成10年に行われた長野パラリンピック開催前の合宿の際、「合宿中に協会の職員がやって来て、選手を個別に会議室に呼びました。現金と領収書が入った封筒を手渡され、名前と住所を記載し、印鑑を押すように言われました。領収書の金額と受け取った現金が一致したことは一度もありませんでした」、「A氏が実際に体験したケースでは、封筒に5000円、1万円程度の現金が入っており、領収書には『日本障害者スポーツ協会様』という宛先、『強化合宿参加費用として上記金額を領収いたしました』という文字、5万円、8万円といった、そのつど違う金額が、あらかじめ書かれていたという。まったく現金をもらえないのに領収書だけ書かされたこともあり、領収書は決まって複写式のものではなく、協会の印鑑が押されていたという」、「領収書の名目には、『強化合宿費』『ユニフォーム代』のほか、『栄養費』『用具の開発費』など選手にとって身に覚えのないものも含まれていた」などの架空領収書に関するもの。

　(ｳ)　日本財団から原告協会への補助金問題

「'96年、現在の協会の前身である日本身体障害者スポーツ協会が『ノルディック競技の指導書をつくるため』と虚偽の編集委員会をでっち上げ、『委員への謝礼金』など領収書を偽造していたことが発覚したのだ。補助金を交付した日本財団は、約217万円を返還させた。しかも当時の協会会長も北郷氏だった」、「本誌は、前述した'02年8月のINAS-FIDのサッカー大会の『中

間統括』と書かれた内部資料を入手した。そこには『資金調達が大幅に削減となった理由』として、'01 年度と '02 年度で 7 億円を見込んでいた日本財団からの補助金が支給されなかった経緯が記してある。'96 年の領収書偽造事件に触れ、『北郷氏が責任を取っていない事実が尾を引いていた。（中略）障害者スポーツ協会が抱える問題および北郷氏の責任は重い』と書かれている。だが協会は、事件を反省せず、その後も同様の不正経理工作を行っていたのである。北郷氏には、トップとしての自覚が欠如しているとしか思えない」などの日本財団から原告協会への補助金に関するもの。

　㈢　原告協会の財務諸表問題

「公表されている障害者スポーツ協会の財務諸表を税理士に分析してもらうと、

○『需要費』『総括的事項』など意味不明の支出が散見される

○什器備品類を減価償却しないまま 4 億 3000 万円分も固定資産として計上し、協会には財産があると見せかけている。退職引当金を計上するための偽装の可能性がある

○東京都から委託を受けた『障害者スポーツセンター』2 ヵ所の運営に関する施設会計で、『建物維持管理費』のうち半分の 7000 万円が『委託費』として、どこかに丸投げされている

など、複数にわたる疑問点が浮上した。細目がわからないので、あくまで一般論だが、疑惑をもたれかねない経理になっているのは事実だ」

　㈣　しめくくり

「障害者を侮辱し、食い物にする協会の体質そのもの。これらが改善されない限り、アテネパラリンピックで日本選手団が、清々しく日の丸を上げることはできないだろう」

　(5)　取材の経緯

　ア　被告において、本件各記事を担当した編集者は「週刊現代」編集部の東野三郎（以下「東野」）であり、記者である北野一郎（以下「北野」）及び南野二郎（以下「南野」）が取材を担当した。

　イ　平成 16 年 3 月ころ、原告に関する情報が、マルダー会長の秘書及び通訳である西野花子（以下「西野」）作成の報告書（以下「西野報告書」）及び「INAS-FID W 杯 中間総括」（以下「中間総括」）とともに「週刊現代」編集部にもたらされ、東野は、北野及び南野とともに取材を開始した。

取材対象は、INAS-FIDにおける卓球のテクニカル・ディレクターであり、INAS-FIDアジア・南太平洋地域委員会事務局長でもあって、日本障害者卓球連盟副理事長を務める箕輪一美（以下「箕輪」）、西野、原告北郷、日本サッカー協会関係者、INAS-FID関係者及びK税理士などであり、東野が、北野及び南野の取材結果をまとめて本件第一記事を作成した。

ウ　その後、北野ないし南野は、箕輪、厚生労働省障害保健福祉部社会参加推進室室長江波戸一敏、日本障害者協議会常務理事藤井克徳、原告協会の常務理事中島武範（以下「中島」）、障害者スポーツのボランティアスタッフ、知的障害をもつスポーツ選手の父親、元パラリンピック選手、原告協会の理事の関係者及びパラリンピック委員会委員などを取材し、東野がこれらに基づき本件第二記事を作成した。

エ　なお、本件第二記事が掲載された週刊誌が発売された後に、本件第一記事に係る原告協会と日本パラリンピック株式会社との関係について、同社社長浅生力、中島及び原告協会事務局長岩坪勝に対する取材が行われた。

(6)　その他

中根康浩衆議院議員（当時）は、本件各記事が掲載された前記各「週刊現代」が発売されて間もない平成16年5月17日に開議された第159回国会衆議院決算行政監視委員会第三分科会において、本件各記事及び西野報告書を根拠に、原告協会の運営や原告北郷の発言について、質問を行った。

2　争点

(1)　本件各記事は原告らの社会的評価を低下させるものか否か。

(2)　本件各記事は、事実関係については真実である（真実性）か、真実であると信ずるについて相当の理由があり（相当性）、意見について公正な論評として違法性又は責任を欠くか否か。

3　争点についての主張

(略)

第3　争点についての判断

1　争点(1)（原告らの社会的評価の低下の有無）について

(1)　当該記事の内容・構成に照らし、団体の長に対する名誉毀損行為が、

同時にその団体に対しても向けられて、その団体の社会的評価をも低下させるものと認められる場合には、同団体に対する名誉毀損行為をも構成するものと解され、また、団体に対する名誉毀損行為が、同時にその長に対しても向けられてその長の社会的評価をも低下させるものと認められる場合には、その長に対する名誉毀損行為をも構成するものと解すべきである。

 (2) 本件第一記事の(ア)、(イ)、(エ)、(オ)及び本件第二記事の(ア)が、その内容及び構成から、原告北郷の社会的評価を低下させるものであることは明らかであり、また、本件第二記事の(イ)から(エ)が原告協会の社会的評価を低下させるものであることも明白である。

 また、同様に、本件第一記事(ウ)Aが、全体として原告北郷の、同(ウ)Bのうち、「JPCは一部の幹部に決定権が集中し」以下の部分（以下「本件第一記事(ウ)B後半部分」といい、これより前の部分を「本件第一記事(ウ)B前半部分」）が、原告協会の、同(カ)が、全体として原告らの、また、本件第二記事(オ)が、本件各記事のしめくくりとして、それ以前の記事と一体となって、原告らの、それぞれ社会的評価を抵下させるものであることが認められる。

 さらに、本件第一記事の(オ)については、原告協会の社会的評価をも低下させる部分を含んでいるほか、本件第一記事の(ア)、(イ)、(ウ)A、(エ)、(オ)、(カ)及び本件第二記事の(ア)は、本件第二記事のしめくくりである(オ)において、原告協会の社会的評価をも低下させるものとなっており、これらは全体として同原告に対する名誉毀損行為を構成するものと認められる。

 他方、本件第二記事の(イ)から(エ)は、原告北郷の顔写真を掲載し、「日本パラリンピック委員長の不正経理をバラす」と題し、「差別発言だけじゃない」との小見出しを付して原告北郷にも向けられたものと認められる構成となっている上、本件第二記事の(ウ)は、原告北郷の社会的評価を低下させる内容も含んでいるから、全体として、同原告に対する名誉毀損行為を構成するものと認めることができる。

 なお、原告らは、本件第一記事(ウ)B前半部分についても原告らの社会的評価を低下させるものである旨主張するが、原告北郷が、JPCの独立について強硬に反対したことが、原告らの社会的評価を低下させるものということはできないから、この主張は採用できない。

 (3) 被告は、本件第一記事(ウ)及び(カ)について、原告北郷の社会的評価を低下させるものとはいえない旨主張するが、同(ウ)B以外の部分については、い

ずれもその内容が原告北郷の社会的評価を低下させるものと認められるから、採用できない。

(4) したがって、本件第一記事(ｱ)、(ｲ)、(ｳ)A、(ｴ)、(ｵ)、(ｶ)、本件第二記事(ｱ)から(ｵ)は、いずれも原告らに対する名誉毀損行為を、本件第一記事(ｳ)B後半部分は、原告協会に対する名誉毀損行為を構成するものである。

2 争点(2)（真実性、相当性、論評の公正性の有無）について

(1) ア 名誉毀損については、当該行為が、公共の利害に関する事実に係り、専ら公益を図る目的に出た場合において、摘示された事実が真実であることが証明されたとき、又は、その事実が真実であることが証明されなくても、当該行為者にその事実を真実と信じるについて相当の理由があるときには、不法行為は成立しないものと解される（最判昭41.6.23）。

本件各記事のうち、1で認定した名誉毀損行為を構成する部分は、いずれも、公益法人であり障害者の福祉にかかわる原告協会及びその代表者であり、JPC委員長でもある原告北郷について、その不適切な行為を批判し、また、原告北郷の資質・適正に疑問を呈するものであるから、公共の利害に関する記事であり、その内容から、専ら公益を図る目的に出たものと認めることができる。

イ そこで、次に、本件各記事のうち名誉毀損行為を構成する部分において、真実性又は真実と信じるについての相当な理由（相当性）の有無が問題となる主要な伝達事実は何かを検討する。

(ｱ) 本件第一記事のうち(ｱ)A及びB、本件第二記事のうち(ｲ)が、記事全体の構成及びそれぞれの記事の内容に照らし、真実性及び相当性の有無が問題となる主要な伝達事実に相当するものと認められる。

(ｲ) また、本件第一記事のうち(ｲ)、(ｳ)A、B後半部分、(ｴ)、(ｵ)、(ｶ)及び本件第二記事(ｱ)、(ｳ)、(ｴ)についても、前記(ｱ)の各記事との関連性をもちつつ、独自の意味内容を伝達し、原告協会ないし原告北郷の社会的評価を一層低下させるものといえるから、同様に、真実性又は相当性の有無が問題となる主要な伝達事実であると認めるのが相当である。

(ｳ) 他方、被告は、本件第一記事のうち(ｲ)、(ｳ)A、B後半部分、(ｴ)、(ｵ)及び本件第二記事(ｱ)について、付随的伝達事実ないし他の記事を前提とした意見ないし評論であるなどと主張するが、これらについても独自の意味内容を伝

達することによって社会的評価を低下させるものであるから主要な伝達事実ということができ、この主張は採用することはできない。
　ウ　したがって、本件第一記事のうち(ア) A、B (イ)、(ウ) A、B 後半部分、(エ)、(オ)、(カ)及び本件第二記事のうち(ア)から(エ)について、真実性又は相当性の有無が問題となる主要な伝達事実に相当することになる。
　(2)　本件第一記事(ア) A 及び B について
　ア　被告は、平成 14 年 8 月 8 日を初日として開催されたサッカー世界選手権大会直後である同年 9 月 2 日付けで、利害関係のない西野が、同大会中における原告北郷の発言を引用して文書として作成した西野報告書及びその内容を具体的に明らかにして補足している陳述書、この陳述を裏付ける箕輪の陳述及び供述によれば、これらの記事の真実性又は相当性を肯定できる旨主張する。そこで、これらの証拠の信用性を検討する。
　イ　西野報告書及び西野作成の陳述書
　(ア)　原告は、まず、西野報告書の署名は、西野自身の署名であることが明らかな西野作成の陳述書の署名と筆跡を異にするとの筆跡鑑定の結果及び自ら印と印字しているのに押印を欠いていることを理由として、西野報告書の形式的証拠力を認めることは困難であると主張するが、西野自身が、陳述書及び手紙において、自己の作成に係るものであると認めているから、この点に関する原告の主張は採用できない。
　(イ)　西野報告書には、原告北郷が、高円宮妃について、「あんな者 3 階（ロイヤルボックス席）に上げておけばいい。急にきやがって」との発言があったので、「何をおっしゃるのですか」と申し上げたところ、「君は何者だ。名を名乗れ」と言われたので、自分の名前とマルダー会長の秘書、通訳をしていることを伝えたこと、同原告が、片足の不自由なボランティアに対して「びっこ」と発言し、また、財団法人 INAS-FID サッカー世界選手権大会日本組織委員会のあるメンバーの運営方法について「奴らに何が出来る」と、それぞれ発言したことが記載されている。そして、西野は、陳述書においても、西野報告書記載の事実を肯定し、マルダー会長を VIP ルームに案内した後、東京スタジアムのメインゲート付近で他の VIP ゲストを待っていたときの発言であるなど、状況を具体的に補足している。
　当日の開幕戦開始前の行動につき、原告北郷は、一人で会場を見回っていたこと、また、高円宮妃の接遇について、宮妃が当日に事前の連絡もなく来

訪したため、非公式の来訪と考え、公式の行事のようなやり方は必要がないのではないか、3階の貴賓席に案内すればいいのではないかと述べたこと、上記記事に記載された各発言はしていないことを供述する。

(ウ) ところで、西野は、ハンガリーに在住している上、妊娠及び出産という事情があり、証人尋問を実施するに至らず、原告らの反対尋問を経ていないこともあって、西野報告書及び陳述書の信用性については、特に慎重な吟味が求められる。

まず、西野報告書については、経過を簡潔に要約したものであるから、当然のことながら、具体性を欠く結果となることは避けられない。陳述書についても、北野が直接西野に面会して当時の様子について記憶喚起してもらい、原案を北野が作成した上、西野の確認を得て、署名してもらったものとされているが、北野の供述では、西野の認識する原告北郷の具体的な発言状況や経緯が明らかであるとはいい難い。

また、西野はマルダー会長の秘書兼通訳であるから、同会長と行動を共にしていたはずであり、同会長は3階のVIP室に在席していたものと考えられるのに、西野が1階で単独で行動していたということは不合理さを否定できないし、原告北郷が当日まで直接の面識を欠く西野に対し、上記の発言をするというのも不自然さが残る上、その西野に対し、事務局スタッフとともに宮妃の接遇を含む諸準備をゆだねたということも理解が困難である。

ウ 次に、西野報告書及び陳述書の内容が、他の証拠によって裏付けられているかどうかを検討する。

まず、箕輪は、原告北郷の発言に憤慨した西野から、サッカー大会の当日に、西野報告書記載の内容を聞いた旨供述している。しかし、西野の陳述書には、この点に関する記載はないし、箕輪は、これを聞いて、原告北郷に発言の真偽を問いただしたわけでもないから、この供述が、さして、西野報告書及び陳述書の内容の裏付けになるわけでもない。

なお、中間総括は、資金調達が大幅に削減となった原因、助成金の分割請求申請手続の遅延原因、決算書の混乱とともに、「北郷氏の行動は、この間、対外的にも理不尽な行動及び発言が目立ち、事務局を混乱させるとともに善意の方々から信用を失ってきた」として、〔1〕「勝手に来たのだから、上にあげとけばいい」との宮様に対する発言、〔2〕「あの足の引きずったやつ」との障害者に対する発言を例示した内容が記載されているが、これは、箕輪が依

頼されてその場でワープロ打ちをしたにとどまるもので、北野や南野は、箕輪やその他の中間総括の中に登場する者について、その内容を含め取材をしていないのであって、この中間総括が、INAS-FIDの正式文書でないばかりか、作成日や作成者の表示すら欠くものであるから、裏付けになるものとは到底いい難い。

　エ　原告北郷が、当日に事前の連絡がないまま来訪した高円宮妃の接遇について、公式の行事のようなやり方は必要がなく、３階の貴賓席に案内すればよいのではないか、と述べたことは認められるが、これと異なる西野報告書及び西野の陳述書の記載については疑問が残るものである上、この裏付けも欠くに等しいものであるから、直ちに信用性を肯認することはできない。

　オ　真実性について

　西野報告書及び西野の陳述書の信用性を肯認することはできず、その他、本件第一記事㋐Ａ及びＢについて、真実と認めることのできる的確な証拠はないから、この記事の主要な伝達事実は、いずれも真実に合致するものとは認められない。

　カ　相当性について

　㋐　本件第一記事㋐Ａ及びＢを作成するに当たって参照された資料は、圧倒的部分を占めるものとして西野報告書があり、これに加えて南野による西野への電話取材及び箕輪への取材が主なものである（なお、中間総括については信用性に乏しいものであって、相当性を支える資料にもなり得ない）。

　㋑　このうち、西野報告書は、要約的な記述であって具体性を欠くものであり、平成16年４月16日に行われた南野による西野への電話取材も１回30分ほど行ったもので、取材メモも陳述書ほど細かいものではなく、当初、取材には消極的な姿勢であったが、話すうちに徐々に当時の記憶をさかのぼってもらえたという経過であったとされているから、結局のところ、この取材によって明らかになったのは、西野が、サッカー世界選手権大会後、間もなく西野報告書を作成し、記載内容には誤りない旨述べている、ということであると認められる。

　なお、北野によるこの点に関する箕輪への取材により確認できたことは、箕輪が、原告北郷の発言に憤慨した西野から、サッカー大会の当日に、西野報告書記載の内容を聞いた、ということであるが、このことが直ちに、西野報告書の内容の裏付けになるというものではない。

(ウ)　北野及び南野は、平成 16 年 4 月 19 日に原告北郷を取材しているが、原告北郷は、記憶がないとしつつ、西野報告書記載の内容の発言をしたことを否定した。

(エ)　このように、取材により明らかとなったのは、結局、西野が、サッカー世界選手権大会後、間もなく西野報告書を作成し、記載内容について誤りがない旨述べているということにとどまるものであって、同報告書が要約的であって具体性に欠けるものである上、西野への取材も 1 年半ほど前の出来事の記憶をたどるものであるから、原告北郷がこの発言を否定する以上、箕輪へのこの点に関する取材内容をもって西野報告書の記載内容が裏付けられたと判断することに相当な理由があるとはいえず、その他の取材によっても、裏付けられたと判断することに相当な理由があるとすることはできない。

(オ)　したがって、本件第一記事(ア) A 及び B を作成の当時、この記事の主要な伝達事実がいずれも真実であると信じるについて相当な理由があったものと解することはできない。

(3)　本件第一記事(イ)について

被告は、日本サッカー協会の関係者 1 名に対する電話取材が根拠であるとするが、取材は 1 回だけで、その内容も簡単で具体性のないコメントである上、原告北郷に対する取材の際に、この点を質問することもしていないから、原告北郷がこの発言を否定する以上、この記事の主要な伝達事実は、いずれも真実に合致するものとは認められず、また、この記事を作成した当時、この記事の主要な伝達事実がいずれも真実であると信じるについて相当な理由があったものと解することもできない。

(4)　本件第一記事(ウ) A 及び B 後半部分について

ア　被告は、まず、原告北郷が原告協会及び JPC のトップを務めていることは真実であり、したがって、日本の障害者スポーツ全般について権限を有する各組織の長として原告北郷に権限が集中していることも明らかであって、主要な伝達部分である本件第一記事(ア) A 及び B が真実であるか真実であると信じるについて相当な理由がある以上、これに基づく批判は公正な論評である旨主張する。

原告北郷が、原告協会及び JPC の長を兼任していることは当事者間に争いなく（なお、原告協会の寄附行為では、JPC は、原告協会の一部門と位置付けられている）、また、原告北郷の経歴をも考慮すると、原告北郷は、障害

者スポーツに関し、相当の権限と影響力を有しているものと認めることができるが、「それ故に」、原告北郷に傲慢な振る舞いがあり、それがまかり通っているということと、直ちに結びつくものではないことはいうまでもない上、本件第一記事(ア)A及びBの主要な伝達事実が真実に合致するものとは認められず、真実であると信じるについて相当な理由があったものとも認められないから、本件第一記事(ウ)A及びB後半部分が公正な論評であると解することもできない。

イ　被告は、また、これらの記事の真実性は、日本サッカー協会関係者への取材、ボランティアスタッフの発言、知的障害をもつ選手の父親の発言、日本障害者協議会常務理事藤井克徳の発言、原告協会理事の話及び箕輪の陳述等により裏付けられていると主張する。

これらは、藤井克徳及び箕輪を除き、取材源が秘匿されている上、総じて抽象的なコメント、具体性に乏しい発言、伝聞的、仮定的な認識といわざるを得ず（なお、原告北郷が、原告協会の常務理事中島をアゴで使う場面や馬鹿者と罵倒する場面をたくさん見たとする箕輪への取材結果について、本人である中島はこれを否定する供述をしている）、これらをもって、この記事の主要な伝達事実が、真実に合致するものと認めることはできない。

ウ　本件第一記事(ウ)A及びB後半部分を作成するに当たって参照されたのは、同記事(ア)以外では、日本サッカー協会関係者への電話取材、ボランティアスタッフへの取材、知的障害をもつ選手の父親への電話取材、藤井克徳への電話取材及び箕輪への取材であるが、総じて抽象的なコメント、具体性に乏しい発言、伝聞的、仮定的な認識といわざるを得ないものである上、取材源を秘匿するというのであれば、一層裏付け取材が必要となるというべきであるところ、これを欠いているから、この記事を作成した当時、この記事の主要な伝達事実がいずれも真実であると信じるについて相当な理由があったものと解することはできない。

(5)　本件第一記事(エ)について

被告は、匿名のINAS-FID関係者への取材が根拠であると主張する。

まず、この記事は、あたかも直接マルダー会長へ取材したかのように記載されているが、直接の取材をしていないことは被告が自認するところであり（なお、同会長は、この記事に記載された内容のコメントをしておらず、これを認めない、と回答している。また、平成14年8月、原告北郷とマルダー会

長との間で会食がもたれ、そのころ、原告北郷が、同会長に、箕輪のテクニカル・ディレクターへの選任や旅費の負担について確認をしたことが認められるが、この記事が記載された内容と合致するものではない)、さらに、取材源を秘匿する以上、一層裏付け取材が必要となるというべきである（なお、北野も、このようなコメントを出す以上、マルダー会長に取材すべきであった旨供述している）ところ、これを欠いているから、この記事の主要な伝達事実は、いずれも真実に合致するものとは認められず、また、この記事を作成した当時、この記事の主要な伝達事実がいずれも真実であると信じるについて相当な理由があったものと解することもできない。

(6) 本件第一記事(オ)について

被告は、箕輪への取材が根拠であるとする。

まず、この記事は、あたかも直接リトル会長へ取材したかのように記載されているが、直接の取材をしていないことは被告が自認するところであり、また、箕輪への取材結果について裏付け取材が必要となるというべきである（箕輪の陳述書や供述にも、リトル会長のコメントの内容が具体的に現れていない以上、北野も、このようなコメントを出す以上リトル会長に取材すべきであった旨供述している）ところ、これを欠いているから、この記事の主要な伝達事実は、いずれも真実に合致するものとは認められず、また、この記事を作成した当時、この記事の主要な伝達事実がいずれも真実であると信じるについて相当な理由があったものと解することもできない。

(7) 本件第一記事(カ)について

ア　被告は、平成16年4月6日及び同月18日における箕輪への取材、原告北郷への取材及び毎日新聞の平成14年9月6日朝刊の記事に基づきこの記事を作成し、本件第二記事が掲載された週刊誌の発売前後以降に日本パラリンピック株式会社社長浅生力、原告協会常務理事中島及び事務局長岩坪勝へ取材したものであり、これらが真実性の根拠であり、この記事作成前の取材が相当性の根拠であると主張する。

イ　まず、毎日新聞は、日本パラリンピック株式会社との関係について、同社は、原告協会と日本パラリンピック委員会との唯一の窓口とうたって、協賛事業を展開してきたが、厚生労働省から、特定の業者との癒着が疑われることは一切避けなければならないとの改善指導を受け、平成16年6月末までに、原告北郷は同社の相談役を、浅生力は原告協会の参与をそれぞれ辞

職し、同社は株式会社PFGに商号を変更し、パラリンピック関連事業の大半を廃止した事実を報じており、この報道された事実の限りで、原告らも争うところではない。

　ウ　このほか、調査報告書、浅生力からのファックスによれば、日本パラリンピック株式会社の設立に当たって原告協会の関与があったこと、協賛企業からの広告料が原告協会に相当額寄付されたことが認められるが、取材結果によっても、これら以外の事実を認めることのできる的確な証拠はないから、この記事の主要な伝達事実は、いずれも真実に合致するものと認めるに足りない。

　エ　また、原告北郷への取材では、おおむね否定する回答を得ているのであるから、箕輪への取材にとどまらず、さらに裏付けが必要であったというべきであり（なお、浅生力への取材すら、これが行われたのは本件第二記事を掲載した週刊誌が発行された後のことである）、この記事を作成した当時、この記事の主要な伝達事実がいずれも真実であると信じるについて相当な理由があったものと解することもできない。

　そして、この記事の主要な伝達事実について、真実に合致するものとは認めるに足りず、また、真実であると信じるについて相当な理由があったものと解することもできないから、この記事が公正な論評ということもできない。

　(8)　本件第二記事(ｱ)について

　ア　被告は、匿名のパラリンピック委員会の委員1名に対する電話取材が根拠であると主張する。

　イ　平成16年4月15日に開催された平成16年度日本パラリンピック委員会第1回運営委員会議事録によれば、そもそもクワッド・テニスという競技があるのではなく、車いすテニスという既存の競技に、クワードクラス（四肢まひ障害クラス）の選手が出場するかどうかが議論されていて、その中で原告北郷が、「クワードってどういうこと？」、「これ、車いすはどうやって動かすの？」、「ラケットは持つの？」などと質問をしていることが認められる。したがって、取材先の当該委員はそもそも競技について正確に理解していないといわざるを得ず、取材源を秘匿する以上、一層裏付け取材が必要となるところ、他の出席者や原告北郷へも取材を行っていないのであるから、この記事の主要な伝達事実は、いずれも真実に合致するものとは認められず、また、この記事を作成した当時、この記事の主要な伝達事実がいずれも真実で

あると信じるについて相当な理由があったものと解することもできない。
　(9)　本件第二記事(イ)について
　　ア　被告は、匿名の元パラリンピック選手に対する電話取材が根拠であると主張する。
　　イ　しかし、この取材による架空領収書といわれるものは、大きさ、オリジナル性の有無、「スポ協」の印鑑の有無、宛て先の表示、ただし書欄の表示、領収書の名目において、実際に原告協会が使用しているものと異なっており、とりわけ、長野パラリンピックが開催されたのは平成10年3月であって、当時は、原告協会は日本身体障害者スポーツ協会として身体障害のある選手の育成・強化を図っていたのであるから、領収書の宛て先が原告協会とされている点は決定的に真実と相違しており、帳簿（領収書集計表）に対応する領収書が欠落している部分があることや平成9年12月には、偽りの領収書を作成して日本財団から補助金を取得したことが明らかとなってこれを同財団に返還したことがあるとしても、被告において、架空領収書や使用されていた領収書の現物を確認すべく申入れをすることもなかったのであって、この記事の主要な伝達事実は、いずれも真実に合致するものとは認められず、また、この記事を作成した当時、この記事の主要な伝達事実がいずれも真実であると信じるについて相当な理由があったものと解することもできない。
　(10)　本件第二記事(ウ)について
　　ア　被告は、読売新聞等の記事及び中間総括が根拠であるとする。
　　イ　まず、読売新聞等は、日本身体障害者スポーツ協会が、日本財団に対し、平成8年度に、スキー・ノルディック競技の指導書作成事業について、平成8年度に補助金を申請し、平成9年4月に事業完了報告書を提出し、216万8000円を受領していたが、同財団が同年9月に行った実地検査で、同事業は行っておらず、同協会が、領収書を偽造していたことが判明し、補助金に金利を付して返還したことを報じており、原告も、平成8年に、指導書作成について日本財団との間で問題が生じ、補助金を返還したことがあったことを認めている。したがって、この限度で、本件第二記事(ウ)が真実であると認めることができる。
　　ウ　次に、この記事は、平成13年度と平成14年度で7億円を見込んでいた日本財団からの補助金が支給されなかった経緯及び平成8年の領収書事件に触れ、原告北郷が責任を取っていない事実が尾を引いていた旨の中間総括

を引用した上、「だが協会は、事件を反省せず、その後も同様の不正経理工作を行っていたのである」と続け、「北郷氏には、トップとしての自覚が欠如しているしか思えない」と結んでいる。

　たしかに、中間総括を引用した部分の伝達内容は、中間総括にその旨の記載のあることではあるが、この中間総括は、作成日や作成者の表示さえ欠くものであるばかりでなく、箕輪が依頼されてその場でワープロ打ちをしたにとどまるもので、北野及び南野は、箕輪及び中間総括の中に登場する者について、その内容を含め取材をしていないのであるから、何らかの根拠となるものではない。

　そうすると、この引用に基づいて、原告協会がその後も同様の不正経理工作を行っていた、原告北郷はトップとしての自覚が欠如しているなどの部分は、主な伝達事実について、いずれも真実に合致するものとは認められず、また、この記事を作成した当時、この記事の主要な伝達事実がいずれも真実であると信じるについて相当な理由があったものと解することもできない。

(11)　本件第二記事(エ)について

　ア　被告は、原告協会の平成14年度の財務諸表を匿名の税理士に検討してもらい、その見解に基づき疑問を呈したもので、公正な論評であり、一般論であることも明示しており、一般読者に誤解を与える余地もない旨主張する。

　イ　平成14年度の財務諸表は、原告協会がホームページで公開していたすべてのものであるが、これを検討することによって疑問が生じた場合、直ちに記事にするのではなく、原告協会に釈明や追加資料の提供を求めたり、東京都に問合せるなどの裏付け取材を行い、より正確な検討を重ねることが必要である（仮にそのような裏付け取材を行えば、意味不明の支出とされる「需用費」、「総括的事項」などの具体的内容が判明した可能性が相当高いし、固定資産のうちの什器備品の高額性や減価償却をしない点についても、理由が明らかとなったと考えられ、さらには、丸投げとされる「建物維持管理費」の半分についても、スポーツセンターに清掃を委託した費用であることが分かったものと考えられる）。

　ところが、一般論との留保を付してはいるものの、これらの裏付け取材を欠いたまま、複数にわたる疑問点が浮上し、疑惑をもたれかねない経理になっているなどと指摘することは、基礎となる事実の把握ないし資料収集におい

て欠けている点が相当あるというほかなく、公正な論評ということはできない。

(12) 本件第二記事(オ)について

この記事は、本件第一記事及び本件第二記事のしめくくりとして、それまでの記事に基づく意見ないし感想であるが、真実性又は相当性の有無が問題となる主要な伝達事実の多くについて、真実性及び相当性が認められない以上公正な論評ということもできない。

(13) 小括

したがって、本件第一記事のうち(ア) A、B、(イ)、(ウ) A、B後半部分、(エ)、(オ)、(カ)及び本件第二記事のうち(ア)から(エ)について、真実性及び相当性を認めることができず、また、本件第一記事(ア) C及び本件第二記事(オ)について公正な論評ということができないから、これらの記事（以下「本件名誉毀損記事」）はいずれも違法性及び責任が阻却されず、被告は、これら本件名誉毀損記事が掲載された「週刊現代」を発行したことについて、原告らに対する不法行為責任を免れない。

3 損害回復の方法

(1) 金銭的賠償について

ア 本件名誉毀損記事が「週刊現代」に掲載されたことにより、原告らはその社会的評価や名誉を傷つけられ、非財産的損害を被ったものと認められる。

「週刊現代」が全国で発売され、発行部数（約81万部）は国内の総合週刊誌中で第2位を占め、その影響力が相当に大きいものと推認されること、本件名誉毀損記事が「週刊現代」に2回にわたって掲載され、全7頁になること、スキャンダル的ないし糾弾的な表題や見出しを多用し、障害者スポーツに従事するマルダー会長及びリトル会長の関係者や税理士のコメントを引用する形式により同記事の内容が真実であることを読者に強く印象づけるものであること、衆議院決算行政監視委員会第三分科会において、本件各記事及び西野報告書を根拠に、原告協会の運営や原告北郷の発言について、国会議員によって質問が行われたこと、他方、謝罪広告を掲載することによって、原告らの社会的評価や名誉が相当程度回復されるものと考えられることなど、本件に現れた諸事情を考慮すれば、被告に対し、原告協会に対する損害

賠償として300万円、原告北郷に対する損害賠償として200万円の支払を命ずるのが相当である。

　イ　また、原告らが本件訴訟の提起を弁護士に依頼したことが認められるところ、被告の不法行為と相当因果関係が認められる弁護士費用相当額は、原告協会につき30万円、原告北郷につき20万円を相当とする。

　(2)　謝罪広告について

　ア　本件名誉毀損記事が、日本全国で発売され、その影響力が相当大きい「週刊現代」誌上に掲載されたこと、これについてINAS-FIDその他国際団体にまで波紋が広がったことなど、これまでに認定説示した同記事による原告らに対する名誉毀損の態様及び性質に照らせば、原告らの社会的評価を回復するための適当な処分として、「週刊現代」誌上に謝罪記事を掲載することを命ずることが必要かつ適当である。

　そして、本件名誉毀損記事の主要な伝達事実その他本件に現れた諸事情を考慮すると、被告に対し、謝罪記事を1回掲載することを命ずるのが相当である。

　イ　本判決の言渡し及びアの謝罪記事の掲載により、原告らの社会的評価は相当程度回復すると考えられることを考慮すると、原告らの社会的評価を回復するために、本件名誉毀損記事が掲載された媒体である「週刊現代」誌上への謝罪記事に加えて、原告らが求める日刊紙5紙上への謝罪広告の掲載まで必要であると認めることはできない。

4　結論

　以上によれば、原告らの請求は、主文のとおりの損害賠償金の支払及び謝罪記事の掲載を命ずる限度で理由があり、その余は理由がない。

7　29条に関係する裁判例

〔29条〕「国は、スポーツにおけるドーピングの防止に関する国際規約に従ってドーピングの防止活動を実施するため、公益財団法人日本アンチ・ドーピング機構（平成13年9月16日に財団法人日本アンチ・ドーピング機構という名称で設立された法人をいう。）と連携を図りつつ、ドーピングの検査、ドーピングの防止に関する教育及び啓発その他のドーピングの防止活動の実施に

係る体制の整備、国際的なドーピングの防止に関する機関等への支援その他の必要な施策を講ずるものとする」

・損害賠償等請求事件（神戸地方裁判所　平成 15 年 6 月 16 日判決）
主文
1　被告株式会社講談社は、原告に対し、金 200 万円を支払え。
2　被告株式会社講談社は、原告に対し、謝罪広告を、同社発行の週刊誌「週刊現代」に 1 回掲載せよ。
3　原告の被告株式会社講談社に対するその余の請求及び原告の被告 A に対する請求をいずれも棄却する。
4　訴訟費用は、原告に生じた費用の 10 分の 1 と被告株式会社講談社に生じた費用の 5 分の 1 を被告株式会社講談社の負担とし、原告及び被告株式会社講談社に生じたその余の費用と被告 A に生じた費用を原告の負担とする。

事実及び理由
第 1　請求
1　被告らは、原告に対し、連帯して、金 1000 万円を支払え。
2　被告らは、原告に対し、週刊誌「週刊現代」に謝罪文を掲載して広告せよ。
3　訴訟費用は被告らの負担とする。

第 2　事案の概要
　本件は、医師である原告が、主に被告 A の談話形式で構成された平成 13 年 4 月 9 日発売の「週刊現代」（以下「本誌」）の「『ボクはこれで死にかけた…』A『球界のクスリ漬け選手を告発する！』」との見出しの下に掲載された記事（以下「本件記事」）のうちの一部分（以下「本件記事部分」）により、原告の名誉が毀損されたとして、本誌を発行する被告株式会社講談社（以下「被告講談社」）及び本件記事に引用された発言を被告講談社の取材に対して行った被告 A に対し、共同不法行為に基づく損害賠償として、金 1000 万円の連帯支払い並びに謝罪広告の掲載をそれぞれ求めた事案である。

1 争いのない事実

(1) 当事者

ア　原告は、昭和59年3月、兵庫医科大学卒業後、同大学整形外科を経て、平成10年2月から平成13年10月まで、中日ドラゴンズのチームドクターであった医師である。

イ　被告講談社は、雑誌及び書籍の出版を目的とする株式会社であり、週刊誌「週刊現代」を定期的に発刊している。

ウ　被告Aは、横浜高校卒業後、ロッテ球団に入団し、その後、平成8年には、中日球団に移籍して打者として活躍し、平成12年に引退した元プロ野球選手である。

(2) 被告講談社は、平成13年4月1日、被告Aの自宅近くのレストランにおいて、同人に対して取材し(以下「本件取材」)、そこでの被告Aの発言内容を基に、平成13年4月9日発売の「週刊現代」平成13年4月21日号(本誌)において、被告Aの談話形式をとった本件記事を掲載した。

2 争点

(1) 被告講談社の原告に対する名誉毀損の成否

ア　本件記事が原告の名誉を毀損するものであるか

イ　本件記事が公共の利害に関する事項について専ら公共の利益を図る目的をもって企画され公表されたものであるか

ウ　本件記事の真実性及び真実と信じることの相当性

(2) 被告Aの原告に対する名誉毀損の成否

(3) 原告の損害

第3　争点に対する判断

1　事実認定

証拠によれば、以下の事実が認められる。

(1) 本件取材に至る経緯

平成13年3月22日、名古屋の編集プロダクション「ピー・ヴォイス」から週刊現代編集部に対して、被告Aが金銭的な苦境に陥り、現在失踪中であるとの情報がもたらされた。週刊現代編集部は、かかる情報が真実であれば報道する意義は十分にあると考え、D記者を担当編集者として取材チームを

編成した（以下「本件取材班」）。

同月25日、D記者が、千葉県船橋市内の被告Aの自宅を訪ねると、被告A本人が在宅していた。そこで、D記者は、被告Aに対して、直接事情を聞き、さらに改めて取材の機会を設けるとの合意を取り付けた。その取材日は当初、同月28日に予定されていたが、被告Aの都合により同年4月1日に変更され、同日、被告Aの自宅近くのレストランで本件取材が実現した。

(2) 本件取材における被告Aの発言内容

同日、被告Aは、本件取材班に対し、別紙のとおりの発言をした。

(3) 取材後、本誌発行に至る経緯

週刊現代編集部は、本件取材において、被告Aのステロイド系の薬物使用が語られたため、これを取り上げることとし、「ピー・ヴォイス」を通じて中日球団に対して、原告の治療行為についての取材を開始した。

「ピー・ヴォイス」は、同年4月3日、同球団の広報部に対し、原告に対する取材を申し込んだが、色よい返事が得られなかったため、同球団の当時のE広報部長に対し、原告が禁止薬物のステロイドを使用していることを説明し、原告との取材を申し込んだところ、E広報部長から「原告と連絡を取り、取材が可能であればセッティングする」との返事を得た。

また、本件取材班は、同月4日、B医師に取材し、ステロイド系薬剤の副作用について説明を受けた。さらに、被告Aの主治医であった習志野市内の北習志野花輪病院の医師に対して取材を試みたが、実現しなかった。

「ピー・ヴォイス」は、同月4日及び5日、中日球団広報部からの連絡を待つとともに、「ピー・ヴォイス」からも何度か中日球団広報部に対し電話連絡をしたが、原告に対する取材についての確たる回答は得られなかった。

週刊現代編集部は、原告に対する取材をあきらめ、同月5日記事を作成、校了とした。本件記事を掲載した本誌は、翌週の月曜日である同月9日に発行された。

2 争点(1)（被告講談社の原告に対する名誉毀損の成否）

(1) 争点(1)ア（本件記事部分の名誉毀損性）について

ア そもそも、雑誌における特定の記事中の記述が他人の名誉を毀損するものとして不法行為を構成するものであるか否かは、当該記事全体の趣旨、目的などの諸事情を総合的に斟酌した上で、<u>一般の読者の普通の注意と読み</u>

方を基準として、その記事の意味内容を解釈した場合、その記事が当該他人の社会的評価を低下させるものといえるかどうかによって判断すべきであって、当該記事が、たとえ精読すれば別個の意味に解されないことはないとしても、この基準に従って当該記事を解釈した結果、その意味内容が当該他人の名誉を毀損するものと認められる以上、これをもって名誉毀損の記事と解するべきである（最判昭31.7.20）。

　　イ　以上を前提として、本件記事がいかなる事実を摘示し、原告の名誉を毀損するものかどうかについて検討する。

　この点、たしかに、原告が名誉毀損と主張する本件記事部分を文面通り読むと、「S」なる女性医師が、被告Aにステロイド系の痛み止め薬を注射したこと、また、被告Aが自らステロイド系の筋肉増強剤を服用したこと、その結果、被告Aらに、肘が曲がったまま元に戻らなくなる、内臓に障害が生じる、突然太りだすなどの症状が発生したことを、被告Aの発言として紹介する形で記載されているにとどまり、それ以上に、「S」の注射によって、被告Aの生命・身体に重大な危険が発生したことが明確に記載されているわけではない。

　しかし、名誉毀損による不法行為の成否を検討するにあたっては、当該記事全体の趣旨、目的などの諸事情を総合的に斟酌した上で、一般の読者の普通の注意と読み方を基準として、その記事の意味内容を解釈しなければならないところ、週刊誌においては、本文記事のみならず、これに付された見出しも、その記事の全体の趣旨を構成する重要な要素として考慮する必要がある。

　そこで、このような観点から本件記事を検討するに、本件記事の大見出しは、本件記事34頁及び35頁の見開き中央部分34頁側に、被告A自身の顔写真を掲載の上、その上部に「ボクはこれで死にかけた…」と、2段抜きで大きく掲載し、さらに、35頁側には、「球界のクスリ漬け選手を告発する！」と、5段抜きでさらに大きく掲載し、もって、球界にいかがわしい薬物汚染が蔓延しており、被告Aはその使用によって死に至るような重大な事態に陥ったとの印象を一般読者に与えている。また、本文見出しにおいても34頁右上部に2段抜きで「心臓がキュウッと痛みました」と掲載の上、その下に、3段抜きで「『野球が大好きだから、1年でも長くプレーしたい』。そんな悲壮な覚悟からステロイド剤の使用に踏み切ったA。だが、その代償はあ

まりにも大きかった。現在もステロイドの後遺症に苦しむAが、自らの体験をもとにプロ野球の"薬物汚染"の実情を訴えた」と掲載し、もって、一般読者に被告Aが薬物によって死に至るような重大な後遺症に苦しんでおり、その原因は「ステロイド剤」であることを強く印象づけている。

　また、本文頭書でも、被告Aがステロイド系の筋肉増強剤とステロイド系の痛み止め薬を両方使用していたこと、痛み止め薬の副作用として、体重増加、左足のむくみが発生し、その原因がステロイド系の痛み止め薬にあることがそれぞれ摘示されているが、これに続けて、いずれの副作用かは明らかにしないまま、被告Aにおいて、胸が苦しくなり心臓がキュウッと締め付けられるような痛みが広がったこと、これは「静脈血栓症」であり死に至るおそれがある病気であることが摘示されている。そして、その後になってようやく、これについては筋肉増強剤の副作用と思われる旨の摘示が一言なされているのみである。

　かかる文章構成によると、ステロイド系の筋肉増強剤と痛み止め薬の区別が截然となされているとはいえず、ステロイド系の痛み止め薬の副作用が重症化すると静脈血栓症などの危険な病気になるおそれがあるとの誤解を生じるおそれが十分にある。

　このように、本件記事は、既に見出し部分及び本文頭書部分において、ステロイド系の痛み止め薬と筋肉増強剤との区別が十分になされておらず、その後を読み進めるならば、一般読者においてステロイド系の薬剤一般が、生命・身体に重大な危険を及ぼす可能性があることを強く印象づけるものとなっている。

　とすると、本件記事は、本文において、「S」なる女性医師がステロイド系の痛み止め薬を注射していると記載し、その後、様々な副作用が発生した事実を摘示することにより、見出しや頭書きと相まって、全体として、一般読者に対し、「S」なる女性医師が、被告Aの生命・身体に重大な影響を与えるような危険なステロイド系の薬剤を注射したと理解させる余地が十分にあるといえる。

　ウ　次に、本件記事部分における「S」なる女性医師が、原告を指し示すかどうかについて検討するに、原告は「中日ドラゴンズチームドクター」との肩書きで学会など各種協議会に参加していること、専門誌においてもその旨の肩書きで複数回にわたって紹介されていることが認められる。とするなら

ば、本件記事部分における、チームアドバイザーである40代の女性医師「S」が原告を示すことは、スポーツ医学に携わる不特定多数の者の間では顕著であるといえる。

エ　以上からすると、本件記事部分の摘示は、本件記事の見出しと相まって、原告が被告Aらにステロイド系の薬剤を注射し、もって、被告Aの生命・身体に重大な危険を生じたとの事実を摘示したものであり、これにより、原告の社会的名誉は毀損されたと認められる。

(2)　争点(1)イ（本件記事の公共性及び目的の公益性）について

ア　本件記事は、被告Aの談話形式で、現役時代の被告A及びその周辺における薬物の使用状況を報道するものであるところ、プロ野球は国民的人気の高いスポーツであり、プロ野球界における安易な薬物使用は、青少年を含めたスポーツに携わる全ての関係者にも波及しかねない重大な問題であることからすると、本件記事は公共の利害に関する事実と認められる。

イ　また、本件記事を掲載した被告講談社の目的についても、本件記事が公共の利害に関する事実であること、本件記事を精読すると、一応ステロイド系の痛み止め薬と筋肉増強剤は、ある程度区別して記載されていること、34頁及び35頁中央の大見出しも「球界のクスリ漬け選手を告発する！」との文言であり、特定人を批判するものではないこと、本文でも原告を「S」と匿名表記しており、「S」医師を個人的に攻撃したものとは認められないことからすると、本件記事は、一般読者に誤解を与え得る軽率な表現は見受けられるものの、専らプロ野球界における危険な薬物に対する親近性や無規制状況を批判したものと認められ、プロ野球界の影響力からすると、専ら公共の利益を図る目的をもって企画、公表されたものと認められる。

(3)　争点(1)ウのうち本件記事の真実性について

ア　被告講談社は、本件記事において摘示した、〔1〕原告が被告Aに対して、頻繁にステロイド系の薬剤を注射したこと及び〔2〕これによって被告Aの身体にむくみや肥満の症状が発生したという事実が真実であると主張するから、以下、この点について検討する。

なお、本件記事は、一般読者をして、原告の被告Aに対するステロイド系の薬剤の注射により、被告Aの生命・身体に重大な危険が生じたと理解させる内容のものと認められることからすると、真実性の立証も、これに対応したものでなければならず、上記〔1〕〔2〕の事実のみでは、真実性の立証対象

としては必ずしも十分でない。しかしながら、上記〔1〕〔2〕の事実について真実性の立証がなされた場合には、記事全体についての違法性が減少する余地があり得るから、以下、この点を検討する。
　イ　上記〔1〕の事実について
　たしかに、被告Aは、本件取材において、「だって、ぼく何十本どころか１日に３回ぐらい打った。練習前に打って、試合前に打って、試合が終わって帰るときに打って」と発言したことが認められる。しかし、原告が、被告Aの診察について記録していたカルテには、原告が、被告Aに頻繁にステロイド系の薬剤を注射した旨の記載はないこと（同カルテによると、ステロイド系の痛み止め薬の注射回数は、平成11年に６回、平成12年に３回であること、ステロイド系以外の痛み止め薬の注射回数は、平成11年に12回、平成12年に11回であること、そのうち、原告が、ステロイド系の痛み止め薬と説明した上で、それを使用していない場合が２回あることがそれぞれ記載されているのみである）、被告Aは、本人尋問において「たしか試合中と最後試合後にも打っていただいたと思うんですけど」と述べるものの、注射箇所については「同じ箇所でなかったのかも知れない」と述べ、また、薬剤の内容についても「何の薬だったのかというのは、僕はちょっと分からないですけれど」と述べるなど、曖昧な発言をしていることからすると、被告Aの発言のみをもって、原告が、被告Aに頻繁にステロイド系の痛み止め薬を注射したという〔1〕の事実を真実と認めることはできず、その他に、これを認めるに足りる証拠はない。
　もっとも、被告講談社は、カルテの記載自体に不自然な点があると主張するところ、複数回にわたって同様の薬剤処方をする場合に、処方方法に番号を付することは見受けられないわけではないし、また、カルテの記載がやや整然とし過ぎるきらいは認められるものの、そのことがカルテの信用性を失わせるほどのものとは認められない。
　ウ　〔1〕の事実が真実と認められない以上、同事実を前提とする〔2〕の事実の真実性について検討するまでもなく、この点に関する被告講談社の主張は認められない。
　(4)　争点(1)ウのうち本件記事を真実と信じたことの相当性について
　ア　被告講談社は、上記〔1〕〔2〕の事実が真実ではないとしても、これらを真実と信じたことについて相当の理由があると主張するので、以下、検討

する。

　イ　被告講談社は、〔1〕〔2〕の事実を真実と信じたことの理由として、まず、本件取材における被告Ａの発言が信用するに足りるものであることを主張する。

　たしかに、被告Ａは自らが経験した事実について発言しているのであるから、これに一定の信用性を認めることはできるとしても、本件取材における発言内容に照らせば、その治療効果、副作用につき十分な医学的知識をもち、これを理解したうえで原告から治療を受けていたものとは認め難い。そうとすれば、本件取材における原告から受けた治療内容及び副作用に関する被告Ａの発言内容に、裏付け取材を不要とするほどの信用性があるものとは認められない。

　ウ　そこで次に、被告講談社の裏付け取材の程度、内容についてみるに、被告講談社は、原告に対する直接取材について、中日球団に取材を申し込んだが、同球団がこれに対応しなかったために実現しなかったと主張する。

　しかしながら、被告講談社は、原告や中日球団に対する取材については、専ら編集プロダクション「ピー・ヴォイス」に任せきりにしており、Ｄ記者は中日球団に対して何らの裏付け取材も試みていないこと、「ピー・ヴォイス」が中日球団に取材を申し込んだのは４月３日であるところ、本件取材班は、その２日後の同月５日には、同球団から何らの対応もないとして、一方的に本件記事を校了しているのであって、同球団に対して取材対応についての十分な時間的余裕を与えていないこと、本件記事の内容からして、報道の緊急性が求められるものではないこと、他誌に先行報道される可能性についても、これは専ら報道機関側の利益に関するものであって、これをもって裏付け取材を軽視してもよい理由にはならないことからすると、本件において、原告に対する直接取材をしなかったことに相当な理由があるとは認められない。

　たしかに、被告講談社はＢ医師に対して、ステロイド系の痛み止め薬の副作用について取材をし、北習志野花輪病院にも取材を試み、Ｄ記者自身も、本件記事の作成過程でステロイド系の薬剤について一定の知識を得ていたと認められる。しかし、薬剤による副作用を具体的に論じるにあたっては、当該薬剤の投与期間、回数及び投与量など、その投薬内容を子細に検討することが必須の前提といってよく、この点の裏付け取材は不可欠というべきである。

特に、本件では、被告Aは本件取材において、投薬内容についてステロイド系の薬剤であることは知っているが、具体的な投薬内容については分からない旨答えており、投与量に至っては何ら発言しておらず、また、ステロイド系の痛み止め薬と被告Aに発現した症状との因果関係については分からない旨の発言もしていることからすると、当然、これらの点についての裏付け取材が必要であったと認められる。

以上のとおり、被告講談社は、被告Aに対するステロイド系薬剤の投薬による副作用を論ずるにあたって、その必須の前提となる投薬期間、回数、投薬量といった投薬内容について、安易に被告Aの本件取材における発言のみに依拠して、必要な裏付け取材を行わなかったのであるから、上記〔1〕〔2〕の事実を信じたことについて相当な理由があるとは認められない。

(5) 小括

そうすると、本件記事部分が、原告の社会的評価を毀損するものであることが認められ、他方、本件記事部分が、真実であること及び真実と認めるに足りる相当な理由があることのいずれも認められないのであるから、原告に対する名誉毀損による不法行為が成立する。

3　争点(2)（被告Aの原告に対する名誉毀損の成否）について

(1) 本件記事部分が、原告の名誉を毀損するものであることについては、争点(1)アのとおりである。

(2) しかしながら、被告Aは報道機関ではなく、情報提供者であるから、被告講談社の責任と同列に論じることはできない。報道機関により公表された記事による名誉毀損が問題とされる場合、その情報提供者に対して不法行為責任を問うためには、当該情報提供者に故意または過失を要するとともに、その情報提供と名誉毀損との間に相当因果関係が認められることを要すると解すべきである。

そして、一般に、雑誌記事の編集権は、その報道機関が独占的に有するものであり、情報提供者としても報道機関によって裏付けがなされることを期待することが通常であるから、報道機関の取材を受けた者が、その取材に対応して、何らかの発言をした場合でも、公的機関による公式の記者会見を通じた情報提供の場合を除けば、報道機関による裏付け取材や独自の編集作業による情報の取捨選択の過程を経て記事が作成されるのが通常であり、被取

材者としても、その発言内容がそのままの形で雑誌に掲載されるとは予見していないのが通常である。そうすると、仮に被取材者が、取材側の報道機関に対して第三者の社会的評価を低下させるような発言をした事実があっても、その発言を取材資料として編集した記事の公表によって生じた第三者の社会的評価の低下との間には、原則として相当因果関係が欠けると解するのが相当である。情報提供と名誉毀損との間に相当因果関係が認められるのは、報道機関の取材を受けた者が、取材における自らの発言をそのまま雑誌へ掲載することについて、あらかじめ報道機関と意思を通じた上で、第三者の社会的評価を低下させる内容の発言をしたというような特段の事情が認められる場合に限られるというべきである。

(3) 本件についてみるに、被告Aは、原告の実名を明かさず、「チーム付きのドクター」、「ちゃんとした大学病院の先生」、「何とも言えない不思議な存在の女の人」などと述べているに過ぎないこと、女性医師による注射と被告Aに生じた種々の副作用との因果関係については、トレーナーからの伝聞の形式で発言するか、または、分からない旨答えていること、本件記事34頁及び35頁中央に配された大見出し部分の発言もしていないことからすると、本件記事は見出しも含めて、必ずしも被告Aの発言をそのまま引用したものではなく、被告講談社において、被告Aの発言に一定の脚色を加えたものと認められる。また、D記者は、本件取材において、被告Aに対し、プロ野球生活全般について振り返ってほしいと依頼し、これを受けて、被告Aはステロイド系の薬剤使用以外にも、日本のプロ野球界の抱える問題点や、トレーニング方法など、様々な事項について意見を述べており、薬剤の使用に関する供述はそのうちの一部に過ぎないことが認められる。

以上の事実からすると、本件において、被告Aが、取材における自らの発言をそのまま雑誌へ掲載することについて、あらかじめ出版社と意思を通じた上で、原告の社会的評価を低下させる内容の発言をしたとは到底認められない。

よって、被告Aの発言と本件記事による原告の名誉毀損との間に相当因果関係を認めることはできない。

(4) 以上より、その余について判断するまでもなく、原告の被告Aに対する請求については、理由がない。

4 争点(3)(損害)について

(1) 損害額について

　被告講談社による名誉毀損に基づく精神的苦痛を慰謝するに足りる損害額を検討するに、本誌発行当時の「週刊現代」の実売部数は約80万部弱であること、本誌の販売促進のために電車の中吊り広告として、本件記事見出し部分が掲載されたこと、原告が公人ではなく私人であること、本誌発行により原告に対する講演依頼が途絶えるなど、原告の医師としての業務遂行に多大な支障を来したことがそれぞれ認められるが、他方、本件記事において原告は「S」と匿名表記されており、原告の顔写真も掲載されていないこと、本件記事は専ら公益目的で掲載されたものであること、本件記事本文を精読すると、原告の投与したステロイド系の痛み止め薬と被告Aが自ら服用した筋肉増強剤とは、ある程度区別して記載されているとも読めること、被告講談社が本誌発行前に甚だ不十分ながら一応の裏付け取材を試みていることがそれぞれ認められる。

　そこで、以上の諸事情に、本件では被告講談社に謝罪広告が命ぜられることを併せ考慮するならば、本件記事部分によって原告が被った精神的苦痛を慰謝するための慰謝料としては、金200万円を認めるのが相当である。

(2) 謝罪広告について

　本件により、原告は、週刊誌というマスメディアによって名誉を毀損されたのであり、原告は、これにより業務遂行に支障をきたすなど、金銭的解決では回復されない損害を被ったことをも考慮すると、謝罪文を被告講談社発行の週刊誌「週刊現代」に1回掲載することを命ずるのが相当である。

5 結論

　以上のとおりであるから、原告の本訴請求は、主文1、2項の限度で理由があるからこれを認容することとし、その余はいずれも理由がないからこれを棄却することとして、主文のとおり判決する。

2. 体育理論と法教育の融合〔提言〕

　本書における本道の話ではないが、私は、中高の体育理論において「法教育」を取り入れていくべきと考えている。法教育とは「法律専門家ではない一般の人々が、法や司法制度、これらの基礎になっている価値を理解し、法的なものの考え方を身につけるための教育」をいう。令和4年4月の成年年齢および裁判員対象年齢の引き下げと、これに先立つ平成28年6月の選挙権年齢の引き下げに伴って法教育の必要性が高まった。法務省はこれを普及させるため、学生向け法教育セミナーや、アニメキャラクターを利用したポスターの制作、高校段階の法教育実践に関する研究報告書をホームページに掲載するなど種々の施策を打ち出している。

　日本弁護士連合会は、法務省とは多少異なる法教育の定義を示し、これを「子どもたちに、個人を尊重する自由で公正な民主主義社会の担い手として、法や司法制度の基礎にある考え方を理解してもらい、法的なものの見方や考え方を身につけてもらうための教育」としている。そのうえ、人との関係でいろいろなトラブルや困難な場面に直面したときに、法教育によって培われた意欲や態度、能力によって困難を乗り切ることができると主張し、高校生模擬裁判選手権（共催：最高裁判所）や法教育シンポジウムを例年開催している。

　文部科学省も法教育の重要性を認識しはじめ、学習指導要領（総則・社会科・生活科・道徳科・特別活動ほか）に法教育の観点を取り入れている。具体的には、中学校の総則に、「生徒が自他の生命を尊重し、規律ある生活ができ、自分の将来を考え、法やきまりの意義の理解を深め、主体的に社会の形成に参画し、国際社会に生きる日本人としての自覚を身に付けるようにする」と示した。中学校保健体育科（体育分野）には、小学校体育科の「約束（きまり）を守る」という具体遵守的記述から、「自己の役割（責任）を果たす」という抽象的記述への発展がみられる点、そして「運動独自のルール」を守る、「仲間を称賛するマナー」を守るといった「公正に取り組む」ことを重視している点が、法教育に接近しているといえる。

こうした法教育をめぐる法務省、日弁連、文科省の動向に鑑み、これを中高保健体育科（体育分野）の知識領域である体育理論の実情（有意味受容学習に至っていないと推察される事実）に結びつけて考えたうえで、体育理論を有意味性と実効性（高い満足度）の感じられる授業へと改編することで体育学習の新たな可能性となり、新規性と期待感をもって生徒や保護者、教員に受け入れられるのではないかと考えている。

　現場教員の感覚では体育理論の重要度は低く、運動がしたい生徒らにとっては、体育理論を単独に扱うことに大きな抵抗感がある。体育理論の受講率は、中学校では10%未満、高校では20%程度といわれ、いずれも低調である。このような「体育理論軽視」の現実を謙虚に受け止め、その根本的な改善に取り組んでいくために、法教育の魅力（楽しさ）と有意味性（役立つ知識）を盛り込んだ授業の創意工夫が必要なのである。

　法務省が設置した法教育研究会は、2003年以降、アメリカの「法教育」（Law-Related Education）の考え方を参照に議論を重ね、4つの「教材」を提案した。その単元名は、①ルールづくり（ルールが生まれる必然性）、②私法と消費者保護（個人と個人の関係で法をとらえる）、③憲法の意義（個人と国家の関係で法をとらえる）、④司法（法による紛争解決）、である。体育理論と法教育を融合させようというときには、4単元のうち特に①が重要となる。法教育研究会はこの①の目的を、「法は共生のための相互尊重のルールであり、国民の生活をより豊かにするために存在するものであるということを、実感をもって認識させる」としている。体育分野の運動領域の授業では「話し合い活動」を重視し、より多くの人が不安なく楽しめる「ルールづくり」の重要性を教師が推奨しているものと推察する。体育授業で「スポーツ」を学ぶ意義がこうした形で現れているのなら、運動領域のみならず知識領域の体育理論で「ルールづくり＝社会づくり」の価値を深慮することは、法教育の有意味性・実効性を検討しうる機会となるだろう。

　体育理論と法教育の融合体は、「スポーツ（紛争）」を題材に、「ルールづくりは社会（学級、学年、学校、クラブ）を創る」という姿勢を築くことのできる重要な教育機会である。この認識のもと、体育理論を充実した授業に変えられなかったと考えている教員に、法教育の効果を知ってもらい、「スポーツ（紛争）」から社会のルールを考えてみること、また、スポーツ界をめぐる様々な困難（紛争当事者の思い）にどう向き合っていくのかを、法教育の見

方・考え方を用いて思考することの意義を主張したい。具体例としては、A. 市民社会の一員としてルール遵守はなぜ必要か、そもそもルールはなぜあるのかとの問いに「スポーツ」から思考を出発させる、B. スポーツ界ではどのような紛争（法的問題）があり、それはどうすれば解決できるのか、C. 豊かなスポーツライフとは法的にどう言い表せるか、などのテーマ学習が考えられるだろう。

　生徒は、体育理論がつまらないからやりたくない、運動するほうが楽しいと捉えているが、体育理論が運動することと同じくらい楽しいし、自分のためになると感じられれば、週3回の保健体育の授業のうち、1回ないし0.7回を体育理論としてもよいと思うのではないだろうか。運動不足対策の問題もあるが、体育事故の頻発問題もなおざりにできないため、社会にはこうした提言に耳を貸す余地もあるように思われる。

　この提言および本書全般にわたり、主として以下の文献を参考にした。
・大村敦志『法教育への招待』（商事法務）
・大村敦志・土井真一『法教育のめざすもの―その実践に向けて―』（商事法務）
・大村敦志『ルールはなぜあるのだろう―スポーツから法を考える―』
・早川吉尚『オリンピック・パラリンピックから考える　スポーツと法』
・同志社スポーツ政策フォーラム『スポーツの法と政策』（ミネルヴァ書房）
・浦川道太郎ら『標準テキスト　スポーツ法学（第3版）』（エイデル研究所）
・道垣内正人・早川吉尚『スポーツ法への招待』（ミネルヴァ書房）
・日本スポーツ法学会『詳解　スポーツ基本法』（成文堂）
・日本スポーツ法学会『スポーツ基本法施行・10年間の変化と課題～スポーツ界に求められる「自治のための自立」と「協働」に向けて～』（エイデル研究所）
・内海和雄『スポーツと人権・福祉～「スポーツ基本法」の処方箋～』（創文企画）
・神谷宗之介『スポーツ法』（三省堂）

おわりに

　日本スポーツ政策推進機構（NSPC：Nippon Sport Policy Commissoin）は、スポーツ基本法改正に向け、2024年から話し合いを始めている。2011年の制定から15年ほど経過するタイミングで同法を時代に即した内容に見直すためである。改正の項目は、デジタルトランスフォーメーション（DX）など、世界の潮流をとらえた内容を盛り込み、日本スポーツ会議の提言を踏まえたものとなる。今後は、学会、統括団体、中央競技団体、都道府県スポーツ協会、メディカル関連、オリンピアン、パラリンピアン、学識経験者、メディア関係者に行うアンケート調査の結果をいかに反映させるかという問題になりそうだ。

　日本スポーツ会議は、ハイパフォーマンス施策の成果、スポーツ界のガバナンス確保の課題、そして、今後の国際戦略への挑戦と、eスポーツ、アーバンスポーツ、パラスポーツ、インクルーシブなスポーツの拡大、デジタル技術の活用を想定した新たなスポーツの展開を検討している。

　日本スポーツ会議の提言の一つはスポーツ基本法改正の実現である。昨今の社会変化、スポーツへの期待の増大から、スポーツ基本法の改正が必要な時期にあるという認識のようだ。スポーツ産業の発展、ジェンダー平等、スポーツ・インテグリティの強化、地域スポーツやパラスポーツの推進といった、基本法に追加することで問題の改善・前進が見込まれる項目を選定していくという。

　もう一つ、スポーツ指導者の育成の提言も興味深い。地域スポーツの指導者には健康増進や安全確保の専門知識が求められる。地域において子どもたちのスポーツ権を守る指導者は、学校管理下における運動部活動を取り巻く状況を考えると、教師と同等の資格を有することが望ましく、国家資格化の整備を念頭に置いた資格制度を早急に具体化していくこと、地域における活動を展開していく人材育成の仕組みの整備が喫緊の課題という。

　スポーツ基本法に関係すると思われる裁判例を掲載した本書であるが、中高の体育理論の教材として、その利用価値はあるのであろうか。あってほし

いと願うが、ないと言われてもそれは仕方のないことかもしれない。なぜなら、学校は多忙の極みで、保健体育科においても体育理論の授業にそこまでの労力を割けないと言われてしまうことが想像されるからだ。

　本書刊行から数年以内にスポーツ基本法は改正される運びだが、スポーツ政策が今後よりよく発展するための基礎となる法律であるから、その姿が注目される。

　「スポーツ」を知ることは「ルール」を知ること、ルールとは「法」であり、法はルールである。差別のないルールをつくることの重要性は、誰もが認識するところであろう。保健体育科は「体育」と「保健」で成り立つが、「体育」のなかに「体育理論」がある。そこで生徒に「スポーツ界の法と紛争」や、「ルールづくりには何が必要か」を考えさせることができる。これは、生徒の成長にとって有益であろうし、教師のやりがいにもつながるだろう。この点、多くの人（教師）に知ってもらえたなら、本書もきっと喜んでくれるだろう。

　お読みいただき、ありがとうございました。

　本書籍は、東京大学社会科学研究所私学研修員（2024年度：B第24-2号）研究費、桜美林大学（2024年度）学内学術研究振興費（24_51）「体育理論の教材になるスポーツ基本法の裁判例-スポーツの法解釈を学ぶ-」等の交付を受けて刊行されたものです。ここに深く御礼申し上げます。

山口裕貴

― 付 録 ―

スポーツ基本法（平成23年法律第78号）

　スポーツは、世界共通の人類の文化である。
　スポーツは、心身の健全な発達、健康及び体力の保持増進、精神的な充足感の獲得、自律心その他の精神の涵養等のために個人又は集団で行われる運動競技その他の身体活動であり、今日、国民が生涯にわたり心身ともに健康で文化的な生活を営む上で不可欠のものとなっている。スポーツを通じて幸福で豊かな生活を営むことは、全ての人々の権利であり、全ての国民がその自発性の下に、各々の関心、適性等に応じて、安全かつ公正な環境の下で日常的にスポーツに親しみ、スポーツを楽しみ、又はスポーツを支える活動に参画することのできる機会が確保されなければならない。
　スポーツは、次代を担う青少年の体力を向上させるとともに、他者を尊重しこれと協同する精神、公正さと規律を尊ぶ態度や克己心を培い、実践的な思考力や判断力を育む等人格の形成に大きな影響を及ぼすものである。
　また、スポーツは、人と人との交流及び地域と地域との交流を促進し、地域の一体感や活力を醸成するものであり、人間関係の希薄化等の問題を抱える地域社会の再生に寄与するものである。さらに、スポーツは、心身の健康の保持増進にも重要な役割を果たすものであり、健康で活力に満ちた長寿社会の実現に不可欠である。
　スポーツ選手の不断の努力は、人間の可能性の極限を追求する有意義な営みであり、こうした努力に基づく国際競技大会における日本人選手の活躍は、国民に誇りと喜び、夢と感動を与え、国民のスポーツへの関心を高めるものである。これらを通じて、スポーツは、我が国社会に活力を生み出し、国民経済の発展に広く寄与するものである。また、スポーツの国際的な交流や貢献が、国際相互理解を促進し、国際平和に大きく貢献するなど、スポーツは、我が国の国際的地位の向上にも極めて重要な役割を果たすものである。
　そして、地域におけるスポーツを推進する中から優れたスポーツ選手が育まれ、そのスポーツ選手が地域におけるスポーツの推進に寄与することは、スポーツに係る多様な主体の連携と協働による我が国のスポーツの発展を支える好循環をもたらすものである。

このような国民生活における多面にわたるスポーツの果たす役割の重要性に鑑み、スポーツ立国を実現することは、21世紀の我が国の発展のために不可欠な重要課題である。

ここに、スポーツ立国の実現を目指し、国家戦略として、スポーツに関する施策を総合的かつ計画的に推進するため、この法律を制定する。

第1章　総則

（目的）

第1条　この法律は、スポーツに関し、基本理念を定め、並びに国及び地方公共団体の責務並びにスポーツ団体の努力等を明らかにするとともに、スポーツに関する施策の基本となる事項を定めることにより、スポーツに関する施策を総合的かつ計画的に推進し、もって国民の心身の健全な発達、明るく豊かな国民生活の形成、活力ある社会の実現及び国際社会の調和ある発展に寄与することを目的とする。

（基本理念）

第2条　スポーツは、これを通じて幸福で豊かな生活を営むことが人々の権利であることに鑑み、国民が生涯にわたりあらゆる機会とあらゆる場所において、自主的かつ自律的にその適性及び健康状態に応じて行うことができるようにすることを旨として、推進されなければならない。

2　スポーツは、とりわけ心身の成長の過程にある青少年のスポーツが、体力を向上させ、公正さと規律を尊ぶ態度や克己心を培う等人格の形成に大きな影響を及ぼすものであり、国民の生涯にわたる健全な心と身体を培い、豊かな人間性を育む基礎となるものであるとの認識の下に、学校、スポーツ団体（スポーツの振興のための事業を行うことを主たる目的とする団体をいう。以下同じ。）、家庭及び地域における活動の相互の連携を図りながら推進されなければならない。

3　スポーツは、人々がその居住する地域において、主体的に協働することにより身近に親しむことができるようにするとともに、これを通じて、当該地域における全ての世代の人々の交流が促進され、かつ、地域間の交流の基盤が形成されるものとなるよう推進されなければならない。

4　スポーツは、スポーツを行う者の心身の健康の保持増進及び安全の確保が図られるよう推進されなければならない。

5 スポーツは、障害者が自主的かつ積極的にスポーツを行うことができるよう、障害の種類及び程度に応じ必要な配慮をしつつ推進されなければならない。

6 スポーツは、我が国のスポーツ選手（プロスポーツの選手を含む。以下同じ。）が国際競技大会（オリンピック競技大会、パラリンピック競技大会その他の国際的な規模のスポーツの競技会をいう。以下同じ。）又は全国的な規模のスポーツの競技会において優秀な成績を収めることができるよう、スポーツに関する競技水準（以下「競技水準」という。）の向上に資する諸施策相互の有機的な連携を図りつつ、効果的に推進されなければならない。

7 スポーツは、スポーツに係る国際的な交流及び貢献を推進することにより、国際相互理解の増進及び国際平和に寄与するものとなるよう推進されなければならない。

8 スポーツは、スポーツを行う者に対し、不当に差別的取扱いをせず、また、スポーツに関するあらゆる活動を公正かつ適切に実施することを旨として、ドーピングの防止の重要性に対する国民の認識を深めるなど、スポーツに対する国民の幅広い理解及び支援が得られるよう推進されなければならない。

（国の責務）
第3条 国は、前条の基本理念（以下「基本理念」という。）にのっとり、スポーツに関する施策を総合的に策定し、及び実施する責務を有する。

（地方公共団体の責務）
第4条 地方公共団体は、基本理念にのっとり、スポーツに関する施策に関し、国との連携を図りつつ、自主的かつ主体的に、その地域の特性に応じた施策を策定し、及び実施する責務を有する。

（スポーツ団体の努力）
第5条 スポーツ団体は、スポーツの普及及び競技水準の向上に果たすべき重要な役割に鑑み、基本理念にのっとり、スポーツを行う者の権利利益の保護、心身の健康の保持増進及び安全の確保に配慮しつつ、スポーツの推進に主体的に取り組むよう努めるものとする。

2 スポーツ団体は、スポーツの振興のための事業を適正に行うため、その運営の透明性の確保を図るとともに、その事業活動に関し自らが遵守すべ

き基準を作成するよう努めるものとする。
3 スポーツ団体は、スポーツに関する紛争について、迅速かつ適正な解決に努めるものとする。

（国民の参加及び支援の促進）
第6条 国、地方公共団体及びスポーツ団体は、国民が健やかで明るく豊かな生活を享受することができるよう、スポーツに対する国民の関心と理解を深め、スポーツへの国民の参加及び支援を促進するよう努めなければならない。

（関係者相互の連携及び協働）
第7条 国、独立行政法人、地方公共団体、学校、スポーツ団体及び民間事業者その他の関係者は、基本理念の実現を図るため、相互に連携を図りながら協働するよう努めなければならない。

（法制上の措置等）
第8条 政府は、スポーツに関する施策を実施するため必要な法制上、財政上又は税制上の措置その他の措置を講じなければならない。

第2章 スポーツ基本計画等

（スポーツ基本計画）
第9条 文部科学大臣は、スポーツに関する施策の総合的かつ計画的な推進を図るため、スポーツの推進に関する基本的な計画（以下「スポーツ基本計画」という。）を定めなければならない。
2 文部科学大臣は、スポーツ基本計画を定め、又はこれを変更しようとするときは、あらかじめ、審議会等（国家行政組織法（昭和23年法律第120号）第8条に規定する機関をいう。以下同じ。）で政令で定めるものの意見を聴かなければならない。
3 文部科学大臣は、スポーツ基本計画を定め、又はこれを変更しようとするときは、あらかじめ、関係行政機関の施策に係る事項について、第30条に規定するスポーツ推進会議において連絡調整を図るものとする。

（地方スポーツ推進計画）
第10条 都道府県及び市（特別区を含む。以下同じ。）町村の教育委員会（地方教育行政の組織及び運営に関する法律（昭和31年法律第162号）第24条の2第1項の条例の定めるところによりその長がスポーツに関する事務

（学校における体育に関する事務を除く。）を管理し、及び執行することとされた地方公共団体（以下「特定地方公共団体」という。）にあっては、その長）は、スポーツ基本計画を参酌して、その地方の実情に即したスポーツの推進に関する計画（以下「地方スポーツ推進計画」という。）を定めるよう努めるものとする。
2　特定地方公共団体の長が地方スポーツ推進計画を定め、又はこれを変更しようとするときは、あらかじめ、当該特定地方公共団体の教育委員会の意見を聴かなければならない。

第3章　基本的施策
第1節　スポーツの推進のための基礎的条件の整備等
（指導者等の養成等）
第11条　国及び地方公共団体は、スポーツの指導者その他スポーツの推進に寄与する人材（以下「指導者等」という。）の養成及び資質の向上並びにその活用のため、系統的な養成システムの開発又は利用への支援、研究集会又は講習会（以下「研究集会等」という。）の開催その他の必要な施策を講ずるよう努めなければならない。
（スポーツ施設の整備等）
第12条　国及び地方公共団体は、国民が身近にスポーツに親しむことができるようにするとともに、競技水準の向上を図ることができるよう、スポーツ施設（スポーツの設備を含む。以下同じ。）の整備、利用者の需要に応じたスポーツ施設の運用の改善、スポーツ施設への指導者等の配置その他の必要な施策を講ずるよう努めなければならない。
2　前項の規定によりスポーツ施設を整備するに当たっては、当該スポーツ施設の利用の態等に応じて、安全の確保を図るとともに、障害者等の利便性の向上を図るよう努めるものとする。
（学校施設の利用）
第13条　学校教育法（昭和22年法律第26号）第2条第2項に規定する国立学校及び公立学校の設置者は、その設置する学校の教育に支障のない限り、当該学校のスポーツ施設を一般のスポーツのための利用に供するよう努めなければならない。
2　国及び地方公共団体は、前項の利用を容易にさせるため、又はその利用

上の利便性の向上を図るため、当該学校のスポーツ施設の改修、照明施設の設置その他の必要な施策を講ずるよう努めなければならない。

(スポーツ事故の防止等)

第14条　国及び地方公共団体は、スポーツ事故その他スポーツによって生じる外傷、障害等の防止及びこれらの軽減に資するため、指導者等の研修、スポーツ施設の整備、スポーツにおける心身の健康の保持増進及び安全の確保に関する知識(スポーツ用具の適切な使用に係る知識を含む。)の普及その他の必要な措置を講ずるよう努めなければならない。

(スポーツに関する紛争の迅速かつ適正な解決)

第15条　国は、スポーツに関する紛争の仲裁又は調停の中立性及び公正性が確保され、スポーツを行う者の権利利益の保護が図られるよう、スポーツに関する紛争の仲裁又は調停を行う機関への支援、仲裁人等の資質の向上、紛争解決手続についてのスポーツ団体の理解の増進その他のスポーツに関する紛争の迅速かつ適正な解決に資するために必要な施策を講ずるものとする。

(スポーツに関する科学的研究の推進等)

第16条　国は、医学、歯学、生理学、心理学、力学等のスポーツに関する諸科学を総合して実際的及び基礎的な研究を推進し、これらの研究の成果を活用してスポーツに関する施策の効果的な推進を図るものとする。この場合において、研究体制の整備、国、独立行政法人、大学、スポーツ団体、民間事業者等の間の連携の強化その他の必要な施策を講ずるものとする。

2　国は、我が国のスポーツの推進を図るため、スポーツの実施状況並びに競技水準の向上を図るための調査研究の成果及び取組の状況に関する情報その他のスポーツに関する国の内外の情報の収集、整理及び活用について必要な施策を講ずるものとする。

(学校における体育の充実)

第17条　国及び地方公共団体は、学校における体育が青少年の心身の健全な発達に資するものであり、かつ、スポーツに関する技能及び生涯にわたってスポーツに親しむ態度を養う上で重要な役割を果たすものであることに鑑み、体育に関する指導の充実、体育館、運動場、水泳プール、武道場その他のスポーツ施設の整備、体育に関する教員の資質の向上、地域におけるスポーツの指導者等の活用その他の必要な施策を講ずるよう努めなけれ

ばならない。
(スポーツ産業の事業者との連携等)
第18条　国は、スポーツの普及又は競技水準の向上を図る上でスポーツ産業の事業者が果たす役割の重要性に鑑み、スポーツ団体とスポーツ産業の事業者との連携及び協力の促進その他の必要な施策を講ずるものとする。
(スポーツに係る国際的な交流及び貢献の推進)
第19条　国及び地方公共団体は、スポーツ選手及び指導者等の派遣及び招へい、スポーツに関する国際団体への人材の派遣、国際競技大会及び国際的な規模のスポーツの研究集会等の開催その他のスポーツに係る国際的な交流及び貢献を推進するために必要な施策を講ずることにより、我が国の競技水準の向上を図るよう努めるとともに、環境の保全に留意しつつ、国際相互理解の増進及び国際平和に寄与するよう努めなければならない。
(顕彰)
第20条　国及び地方公共団体は、スポーツの競技会において優秀な成績を収めた者及びスポーツの発展に寄与した者の顕彰に努めなければならない。

第2節　多様なスポーツの機会の確保のための環境の整備

(地域におけるスポーツの振興のための事業への支援等)
第21条　国及び地方公共団体は、国民がその興味又は関心に応じて身近にスポーツに親しむことができるよう、住民が主体的に運営するスポーツ団体（以下「地域スポーツクラブ」という。）が行う地域におけるスポーツの振興のための事業への支援、住民が安全かつ効果的にスポーツを行うための指導者等の配置、住民が快適にスポーツを行い相互に交流を深めることができるスポーツ施設の備その他の必要な施策を講ずるよう努めなければならない。
(スポーツ行事の実施及び奨励)
第22条　地方公共団体は、広く住民が自主的かつ積極的に参加できるような運動会、競技会、体力テスト、スポーツ教室等のスポーツ行事を実施するよう努めるとともに、地域スポーツクラブその他の者がこれらの行事を実施するよう奨励に努めなければならない。
2　国は、地方公共団体に対し、前項の行事の実施に関し必要な援助を行う

ものとする。
(体育の日の行事)
第23条　国及び地方公共団体は、国民の祝日に関する法律（昭和23年法律第178号）第2条に規定する体育の日において、国民の間に広くスポーツについての関心と理解を深め、かつ、積極的にスポーツを行う意欲を高揚するような行事を実施するよう努めるとともに、広く国民があらゆる地域でそれぞれその生活の実情に即してスポーツを行うことができるような行事が実施されるよう、必要な施策を講じ、及び援助を行うよう努めなければならない。

(野外活動及びスポーツ・レクリエーション活動の普及奨励)
第24条　国及び地方公共団体は、心身の健全な発達、生きがいのある豊かな生活の実現等のために行われるハイキング、サイクリング、キャンプ活動その他の野外活動及びスポーツとして行われるレクリエーション活動（以下この条において「スポーツ・レクリエーション活動」という。）を普及奨励するため、野外活動又はスポーツ・レクリエーション活動に係るスポーツ施設の整備、住民の交流の場となる行事の実施その他の必要な施策を講ずるよう努めなければならない。

第3節　競技水準の向上等
(優秀なスポーツ選手の育成等)
第25条　国は、優秀なスポーツ選手を確保し、及び育成するため、スポーツ団体が行う合宿、国際競技大会又は全国的な規模のスポーツの競技会へのスポーツ選手及び指導者等の派遣、優れた資質を有する青少年に対する指導その他の活動への支援、スポーツ選手の競技技術の向上及びその効果の十分な発揮を図る上で必要な環境の整備その他の必要な施策を講ずるものとする。

2　国は、優秀なスポーツ選手及び指導者等が、生涯にわたりその有する能力を幅広く社会に生かすことができるよう、社会の各分野で活躍できる知識及び技能の習得に対する支援並びに活躍できる環境の整備の促進その他の必要な施策を講ずるものとする。

(国民体育大会及び全国障害者スポーツ大会)
第26条　国民体育大会は、公益財団法人日本体育協会（昭和2年8月8日に

財団法人大日本体育協会という名称で設立された法人をいう。以下同じ。）、国及び開催地の都道府県が共同して開催するものとし、これらの開催者が定める方法により選出された選手が参加して総合的に運動競技をするものとする。

2　全国障害者スポーツ大会は、財団法人日本障害者スポーツ協会（昭和40年5月24日に財団法人日本身体障害者スポーツ協会という名称で設立された法人をいう。以下同じ。）、国及び開催地の都道府県が共同して開催するものとし、これらの開催者が定める方法により選出された選手が参加して総合的に運動競技をするものとする。

3　国は、国民体育大会及び全国障害者スポーツ大会の円滑な実施及び運営に資するため、これらの開催者である公益財団法人日本体育協会又は財団法人日本障害者スポーツ協会及び開催地の都道府県に対し、必要な援助を行うものとする。

（国際競技大会の招致又は開催の支援等）
第27条　国は、国際競技大会の我が国への招致又はその開催が円滑になされるよう、環境の保全に留意しつつ、そのための社会的気運の醸成、当該招致又は開催に必要な資金の確保、国際競技大会に参加する外国人の受入れ等に必要な特別の措置を講ずるものとする。

2　国は、公益財団法人日本オリンピック委員会（平成元年8月7日に財団法人日本オリンピック委員会という名称で設立された法人をいう。）、財団法人日本障害者スポーツ協会その他のスポーツ団体が行う国際的な規模のスポーツの振興のための事業に関し必要な措置を講ずるに当たっては、当該スポーツ団体との緊密な連絡を図るものとする。

（企業、大学等によるスポーツへの支援）
第28条　国は、スポーツの普及又は競技水準の向上を図る上で企業のスポーツチーム等が果たす役割の重要性に鑑み、企業、大学等によるスポーツへの支援に必要な施策を講ずるものとする。

（ドーピング防止活動の推進）
第29条　国は、スポーツにおけるドーピングの防止に関する国際規約に従ってドーピングの防止活動を実施するため、公益財団法人日本アンチ・ドーピング機構（平成13年9月16日に財団法人日本アンチ・ドーピング機構という名称で設立された法人をいう。）と連携を図りつつ、ドーピングの検

査、ドーピングの防止に関する教育及び啓発その他のドーピングの防止活動の実施に係る体制の整備、国際的なドーピングの防止に関する機関等への支援その他の必要な施策を講ずるものとする。

第4章　スポーツの推進に係る体制の整備
（スポーツ推進会議）
第30条　政府は、スポーツに関する施策の総合的、一体的かつ効果的な推進を図るため、スポーツ推進会議を設け、文部科学省及び厚生労働省、経済産業省、国土交通省その他の関係行政機関相互の連絡調整を行うものとする。

（都道府県及び市町村のスポーツ推進審議会等）
第31条　都道府県及び市町村に、地方スポーツ推進計画その他のスポーツの推進に関する重要事項を調査審議させるため、条例で定めるところにより、審議会その他の合議制の機関（以下「スポーツ推進審議会等」という。）を置くことができる。

（スポーツ推進委員）
第32条　市町村の教育委員会（特定地方公共団体にあっては、その長）は、当該市町村におけるスポーツの推進に係る体制の整備を図るため、社会的信望があり、スポーツに関する深い関心と理解を有し、及び次項に規定する職務を行うのに必要な熱意と能力を有する者の中から、スポーツ推進委員を委嘱するものとする。

2　スポーツ推進委員は、当該市町村におけるスポーツの推進のため、教育委員会規則（特定地方公共団体にあっては、地方公共団体の規則）の定めるところにより、スポーツの推進のための事業の実施に係る連絡調整並びに住民に対するスポーツの実技の指導その他スポーツに関する指導及び助言を行うものとする。

3　スポーツ推進委員は、非常勤とする。

第5章　国の補助等
（国の補助）
第33条　国は、地方公共団体に対し、予算の範囲内において、政令で定めるところにより、次に掲げる経費について、その一部を補助する。

一　国民体育大会及び全国障害者スポーツ大会の実施及び運営に要する経費であって、これらの開催地の都道府県において要するもの
二　その他スポーツの推進のために地方公共団体が行う事業に要する経費であって特に必要と認められるもの
2　国は、学校法人に対し、その設置する学校のスポーツ施設の整備に要する経費について、予算の範囲内において、その一部を補助することができる。この場合においては、私立学校振興助成法（昭和50年法律第61号）第11条から第13条までの規定の適用があるものとする。
3　国は、スポーツ団体であってその行う事業が我が国のスポーツの振興に重要な意義を有すると認められるものに対し、当該事業に関し必要な経費について、予算の範囲内において、その一部を補助することができる。
（地方公共団体の補助）
第34条　地方公共団体は、スポーツ団体に対し、その行うスポーツの振興のための事業に関し必要な経費について、その一部を補助することができる。
（審議会等への諮問等）
第35条　国又は地方公共団体が第33条第3項又は前条の規定により社会教育関係団体（社会教育法（昭和24年法律第207号）第10条に規定する社会教育関係団体をいう。）であるスポーツ団体に対し補助金を交付しようとする場合には、あらかじめ、国にあっては文部科学大臣が第9条第2項の政令で定める審議会等の、地方公共団体にあっては教育委員会（特定地方公共団体におけるスポーツに関する事務（学校における体育に関する事務を除く。）に係る補助金の交付については、その長）がスポーツ推進審議会等その他の合議制の機関の意見を聴かなければならない。この意見を聴いた場合においては、同法第13条の規定による意見を聴くことを要しない。

編著者プロフィール
山口裕貴（やまぐち ゆうき）

1975年愛知県生まれ。
早稲田大学大学院教育学研究科博士後期課程単位取得満期退学。
成蹊大学大学院法務研究科修了（法務博士・専門職）。
郡山女子大学短期大学部専任講師、桜美林大学専任講師を経て、2017年より桜美林大学准教授。東京大学社会科学研究所私学研修員（2024年度）。

体育理論の教材になるスポーツ基本法の裁判例
―法教育の一つの形―

2024年10月15日　初版第1刷発行

編　著　者　山口裕貴
発　行　所　株式会社共同文化社
　　　　　　〒060-0033　札幌市中央区北3条東5丁目
　　　　　　Tel 011-251-8078　Fax 011-232-8228
　　　　　　E-mail info@kyodo-bunkasha.net
　　　　　　URL https://www.kyodo-bunkasha.net/

印刷・製本　株式会社アイワード

落丁本・乱丁本はお取り替えいたします。
無断で本書の全体又は一部複写・複製を禁じます。

ISBN 978-4-87739-413-4
Ⓒ YAMAGUCHI Yuki 2024　Printed in JAPAN